배우로 가는 길

김로은

배우로 가는 길

발   행 | 2023년 5월 1일

저   자 | 김로은

디 자 인 | 어비, 미드저니

편   집 | 어비

펴 낸 이 | 송태민

펴 낸 곳 | 열린 인공지능

등   록 | 2023.03.09(제2023-16호)

주   소 | 서울특별시 영등포구 영등포로 112

전   화 | (0505)044-0088

이 메 일 | book@uhbee.net

ISBN | 979-11-93084-65-6

www.OpenAIBooks.shop

배우로 가는 길

김로은

목차

머리말

엔터테인먼트 업계에서 성공하고 싶은 배우 지망생을 위한 가이드북인 '배우로 가는 길'에 오신 것을 환영합니다. 이 책은 무명 배우가 예술적 열정에 충실하면서 재정적 현실을 헤쳐 나가는데 도움을 주기 위해 제작되었습니다. 이 가이드북에서는 오늘날 무명 배우가 직면한 많은 도전과 기회를 살펴보고, 일과 열정의 균형을 유지하여 목표를 달성하기 위한 실용적인 전략을 제공합니다.

이 책에서는 성공을 향한 나만의 여정을 발견하는 방법을 소개합니다. 이제 막 경력을 시작했거나 한 단계 더 발전시키고자 하는 분이라면 이 챕터에서 잠재력을 발휘하고 엔터테인먼트 업계에서 자신만의 길을 개척하는 데 도움이 될 것입니다.

"나의 강점은 무엇인가?", "나를 돋보이게 하는 요소는 무엇인가?"와 같은 핵심 질문을 탐구함으로써 복잡한 연기 환경을 탐색하고 자신을 위한 기회를 창출할 수 있는 역량을 갖추게 됩니다.

자신의 커리어를 책임지고 배우로서 잠재력을 최대한 발휘할 준비가 되었다면 지금 바로 시작하세요!

저자 소개

배우 김로은(본명 김소은)은 드라마, 영화, 광고 모델 등 다양한 분야에서 활동중인 다재 다능한 배우이다. 대학 생활을 하며 연기에 관심을 가지게 되었고, 극단 활동과 연극 동아리에서 꿈을 키웠다. 대학 졸업 후 서울에 와서 매체연기를 시작했고, 수많은 오디션을 경험하였다. 연이은 실패와 좌절 속에서 자신감을 되찾기 위해 영상 제작을 하기 시작했다. 이 후 영상공모전에서 끊임없이 수상을 하며, 수 많은 이야기들을 영상화 시키며 자신의 꿈을 키우고 있다.

늘 도전을 멈추지 않고 앞으로 향해 나아가는 김로은은 주변인들에게도 많은 용기를 주고 있다. 또한 연기 외에도 영상 PD 활동을 하며 영상에 대해 끊임없이 공부를 하고 있다.

자세한 사항은 네이버와 유튜브를 검색해주세요.
인스타그램 @roeun8
유튜브 론리우드 @roeun8

1장 : 소개

소개

연기는 많은 헌신과 노력, 열정이 필요한 도전적인 커리어 경로입니다. 무명 배우의 경우 재정적인 어려움과 인정 부족으로 인해 목표 달성에 대한 동기 부여와 집중력을 유지하기가 어렵기 때문에 성공으로 가는 길은 특히 더 어려울 수 있습니다. 그래서 저는 일과 꿈의 사이에서 균형을 잡으려는 배우 지망생들에게 지침과 지원을 제공하기 위해 이 책을 썼습니다.

이 책이 중요한 이유

연기에 관한 책은 시중에 많이 나와 있지만, 이름을 알리기 위해 노력하는 무명 배우가 직면한 어려움에 초점을 맞춘 책은 거의 없습니다. 이 책은 연기 경력을 쌓는 데 필요한 재정적 현실을 관리하는 동시에 배우라는 직업에 대한 동기를 부여하고 헌신할 수 있는 실용적인 조언과 전략을 제공합니다. 이제 막 업계에 발을 들여놓았든, 수년간 배우로 활동했든 이 책은 성공에 도움이 되는 귀중한 통찰력과 영감을 제공할 것입니다.

배울 내용

'나만의 배우의 길'에서는 다음과 같은 방법을 배웁니다:

1. 무명 배우의 재정적 현실을 이해하고 재정 관리를 위한 전략을 개발합니다.
2. 연기 경력을 위한 현실적인 목표를 설정하고 이를 달성하기 위한 계획을 세웁니다.
3. 전문 네트워크를 구축하고 업계 전문가와의 관계를 발전시키세요.
4. 원하는 배역을 맡지 못했을 때에도 기술을 개발하고 동기를 유지하세요.
5. 엔터테인먼트 업계에서 다른 커리어 경로를 탐색하고 자신의 기술과 경험을 다른 방식으로 활용하는 방법을 알아보세요.
6. 거절의 어려움을 헤쳐나가고 좌절에 직면했을 때 회복력을 키우세요.
7. 연기 경력을 쌓는 것과 관련된 스트레스와 불안을 파악하고

관리하세요.

8. 건강한 일과 삶의 균형을 유지하고 자기 관리에 우선순위를 둡니다.

9. 개인 브랜드를 구축하고 업계 전문가에게 효과적으로 자신을 마케팅하세요.

10. 무명 배우가 되는 여정을 받아들이고 열정을 추구하는 과정에서 기쁨을 찾으세요.

이 책에는 무명 배우로서 어려움을 극복한 경험이 풍부한 배우, 캐스팅 디렉터 및 기타 업계 전문가들의 실제 사례와 전문가 인사이트도 담겨 있습니다. 이 책을 다 읽고 나면 무명 배우로서 엔터테인먼트 업계에서 성공하기 위해 무엇이 필요한지 더 잘 이해하고, 목표를 달성하는 데 도움이 되는 실용적인 전략과 도구를 갖추게 될 것입니다.

2장 : 네트워킹의 중요성

엔터테인먼트 업계는 경쟁이 치열하기로 악명 높으며, 무명 배우의 경우 업계 환경을 탐색하고 의미 있는 인맥을 쌓는 것이 어려울 수 있습니다. 하지만 업계에서 성공하려면 전문적인 네트워크를 구축하는 것이 필수적입니다. 이 섹션에서는 네트워킹이 중요한 이유를 살펴보고 강력한 전문 네트워크를 구축하고 유지하기 위한 팁과 전략을 제공합니다.

네트워킹의 중요성

무명 배우로서 붐비는 업계에서 주목 받기란 쉽지 않을 수 있습니다. 하지만 네트워킹은 업계 전문가들과 관계를 구축할 수 있는 방법을 제공하며, 이를 통해 문을 열고 새로운 기회를 얻을 수 있습니다. 인맥을 쌓으면 오디션, 배역 및 기타 업계 기회에 고려될 가능성을 높일 수 있습니다.

네트워킹은 업계 동향과 발전에 대한 최신 정보를 파악하는 데 도움이 되기 때문에 중요합니다. 업계 이벤트에 참석하고 다른 전문가들과 교류함으로써 업계에 대한 통찰력을 얻고 새로운 프로젝트와 기회에 대해 배울 수 있습니다. 이러한 정보는 커리어 전략을 수립하고 성공을 위한 입지를 다지는 데 유용할 수 있습니다.

전문가 네트워크 구축

그렇다면 전문가 네트워크를 구축하려면 어떻게 해야 할까요? 가장 좋은 방법 중 하나는 업계 이벤트들과 컨퍼런스에 참석하는 것입니다. 이러한 과정은 캐스팅 디렉터, 에이전트, 프로듀서, 동료 배우 등 다른 업계 전문가를 만나고 교류할 수 있는 기회를 제공합니다. 이러한 행사에 참석할 때는 적극적으로 사람들에게 다가가는 것이 중요합니다. 자신을 소개하고 대화를 시작하는 것을 두려워하지 마세요.

네트워크를 구축하는 또 다른 방법은 소셜 미디어를 이용하는 것입니다. 인스타그램이나 페이스북과 같은 플랫폼은 업계 전문가와 연결하고 업계 뉴스와 동향을 최신 상태로 유지할 수 있는 방법을 제공합니다. 소셜 미디어를 통해 인맥을 쌓을 때는 전문적이고 매력적인 태도를 유지하는 것이 중요합니다. 관련 콘텐츠를 공유하고, 다른 사람의 게시물에 참여하고, 존경하거나 관계를 맺고 싶은 사람들에게 연락하세요.

업계 이벤트 탐색

업계 이벤트는 특히 업계에 처음 진출한 무명 배우에게는 부담스러울 수 있습니다. 하지만 올바른 접근 방식을 취한다면 이러한 이벤트는 관계를 구축하고 인맥을 쌓을 수 있는 좋은 기회가 될 수 있습니다. 다음은 업계 이벤트 탐색을 위한 몇 가지 팁입니다:

1. 사전 조사를 하세요: 이벤트에 참석하기 전에 미리 조사하여 누가 참석할지 알아보세요. 이렇게 하면 인맥을 쌓고 싶은 사람들을 파악하고 준비하는 데 도움이 됩니다.
2. 적절한 복장을 갖추세요: 자신의 스타일을 반영하는 방식으로 전문적으로 옷을 입으세요. 좋은 인상을 남기고 자신의 경력을 진지하게 받아들이고 있다는 것을 보여주고 싶을 것입니다.
3. 명함을 지참하세요: 만나는 사람들에게 줄 수 있는 전문 명함을 준비하세요. 연락처 정보가 최신이고 읽기 쉬운지 확인하세요.
4. 친근하게 대하세요: 미소를 짓고 눈을 마주치며 친근하게 다가가세요. 좋은 인상을 남기고 친근하고 함께 일하기 쉽다는 것을 보여주고 싶을 것입니다.
5. 후속 조치를 취하세요: 이벤트가 끝난 후에는 만난 사람들에게 후속 조치를 취하세요. 시간을 내주어 감사하고 함께 일하고 싶다는 의사를 표현하는 간단한 이메일이나 인스타그램 메시지를 보내세요.

인맥 형성을 위한 팁

마지막으로, 업계 전문가와 의미 있는 관계를 맺기 위한 몇 가지 팁을 소개합니다:

1. 진정성을 보여주세요: 자신을 드러내고 개성을 드러내세요. 진정성은 지속적인 관계 구축의 핵심입니다.
2. 말보다 경청하세요: 업계 전문가와 만날 때는 경청과 배움에 집중하세요. 질문을 하고 상대의 말에 진정으로 관심을 보이세요.
3. 가치를 제공하세요: 만나는 사람들에게 어떻게 가치를 제공할 수 있을지 생각해 보세요. 상대방에게 도움이 될 수 있는 고유한 기술이나 관점을 가지고 있을 수도 있습니다.
4. 연락을 유지하세요: 관계를 구축하려면 시간과 노력이 필요합니다. 만나는 사람들과 계속 연락을 주고받으며 시간이 지남에 따라 관계를 지속적으로 발전시키세요.

요약하자면, 엔터테인먼트 업계에서 성공하려면 네트워킹이 필수적이며, 특히 무명 배우의 경우 더욱 그렇습니다. 강력한 전문 네트워크를 구축하면 가시성을 높이고 업계 동향에 대한 최신 정보를 얻을 수 있으며 새로운 기회의 문을 열 수 있습니다. 올바른 접근 방식으로 업계 이벤트와 소셜 미디어를 활용하면 다음과 같은 이점을 얻을 수 있습니다.

3장 : 개인 브랜드 구축하기

무명 배우라면 경쟁자와 차별화되고 나만의 독특한 자질을 보여줄 수 있는 개인 브랜드를 구축하는 것이 중요합니다. 이 장에서는 대면 및 온라인에서 개인 브랜드를 정의하고 마케팅 하는 방법을 살펴봅니다.

나만의 고유 브랜드 구축하기

개인 브랜드를 구축하는 첫 번째 단계는 나만의 고유한 자질과 강점을 파악하는 것입니다. 스스로에게 질문하는 것부터 시작하세요: 무엇이 나를 돋보이게 하는가? 나의 강점과 전문 분야는 무엇인가요? 나는 어떤 역할에 탁월한가? 이러한 질문에 대한 답을 찾았다면 개인 브랜드 개발을 시작할 수 있습니다.

개인 브랜드에는 배우로서의 가치, 성격, 목표가 반영되어야 합니다. 또한 웹사이트부터 소셜 미디어 프로필에 이르기까지 모든 플랫폼에서 일관성을 유지해야 합니다. 개인 브랜드를 요약하는 사명 선언문을 작성하여 모든 상호작용과 마케팅 활동의 기본 원칙으로 삼는 것도 고려해 보세요.

업계 전문가에게 자신을 마케팅하기

개인 브랜드를 정의했다면 이제 업계 전문가를 대상으로 마케팅을 시작할 때입니다. 영화제나 네트워킹 프로그램과 같은 업계 이벤트에 참석하여 잠재적인 에이전트, 캐스팅 디렉터, 프로듀서에게 자신과 브랜드를 소개할 준비를 하세요.

자신을 소개할 때는 자신의 고유한 자질과 그 자질이 어떻게 업계에서 귀중한 자산이 되는지에 집중하세요. 자신감을 갖되 거만해지지 말고 항상 개인 브랜드를 보여줄 수 있는 프로필 사진, 이력서, 명함을 준비하세요.

대면 네트워킹 외에도 개인 브랜드를 반영하는 온라인 입지를 구축하는 것도 중요합니다. 트위터, 인스타그램과 같은 소셜 미디어 플랫폼을 사용하여 자신의 업무를 소개하고 업계 전문가들과 연결하세요. 개인 브랜드를 소개하고 이력서, 프로필 사진, 데모 릴을 포함하는 전문 웹사이트를 만드세요.

온라인에서 입지 구축하기

오늘날의 디지털 시대에는 모든 수준의 배우에게 강력한 온라인 입지를 확보하는 것이 중요합니다. 온라인에서 개인 브랜드를 알리고 업계 전문가들이 여러분의 작품과 개성을 엿볼 수 있도록 해야 합니다. 다음은 온라인 인지도를 구축하기 위한 몇 가지 팁입니다:

1. 플랫폼을 현명하게 선택하세요: 개인 브랜드 및 업계와 가장 관련성이 높은 플랫폼에 집중하세요. 예를 들어, 코미디 연기에 능숙하다면 TikTok이나 YouTube에서 콘텐츠를 제작하는 것을 고려해 보세요.
2. 고품질의 비주얼을 사용하세요: 자신의 개성과 업무를 보여줄 수 있는 전문적인 프로필 이미지와 영상을 사용하세요.
3. 대중과 소통하세요: 댓글과 메시지에 응답하고 대화와 참여를 유도하는 콘텐츠를 만드세요.
4. 전문성을 유지하세요: 개인 브랜드를 손상시킬 수 있는 논란의 여지가 있는 주제와 게시물은 피하세요.
5. 일관성을 유지하세요: 모든 플랫폼에서 개인 브랜드와 메시지의 일관성을 유지하여 일관성 있고 전문적인 이미지를 구축하세요.

결론
개인 브랜드를 구축하는 것은 무명 배우로서 성공하기 위해 필수적입니다. 고유한 자질을 정의하고, 업계 전문가에게 자신을 마케팅 하고, 강력한 온라인 입지를 구축함으로써 업계에서 귀중한 자산으로 자리매김하고 더 많은 오디션과 배역을 따낼 수 있습니다. 개인 브랜드에 충실하고 이를 모든 상호작용과 마케팅 활동의 기본 원칙으로 삼는 것을 잊지 마세요.

4장 : 오디션 기법

무명 배우라면 경쟁자와 차별화되고 나만의 독특한 자질을 보여 줄 수 있는 개인 브랜드를 구축하는 것이 중요합니다. 이 장에서는 대면 및 온라인에서 개인 브랜드를 정의하고 마케팅 하는 방법을 살펴봅니다.

오디션 준비

오디션은 배우의 커리어에서 매우 중요한 부분입니다. 오디션은 자신의 재능을 선보이고 꿈에 그리던 배역을 맡을 수 있는 기회를 제공합니다. 하지만 오디션은 긴장되고 스트레스가 될 수도 있습니다. 그렇기 때문에 준비하는 것이 중요합니다. 이 장에서는 오디션에 대비하고 성공 가능성을 높이기 위해 취할 수 있는 단계를 살펴봅니다.

적합한 소재 선택하기

적합한 소재를 선택하는 첫 번째 단계는 오디션을 보려는 제작사나 캐스팅 에이전시를 조사하는 것입니다. 과거에 제작한 작품과 주로 캐스팅한 역할의 유형을 살펴보세요. 이를 통해 오디션에 적합한 자료 유형에 대한 좋은 아이디어를 얻을 수 있습니다.

다음으로 배우로서 자신의 강점과 약점을 고려하세요. 특히 코믹한 타이밍이나 극적인 독백에 능숙한가요? 특별히 잘하는 억양이나 사투리가 있나요? 배우로서 자신을 특별하게 만드는 요소가 무엇인지 생각해보고 이러한 강점을 보여줄 수 있는 소재를 찾아보세요.

자료를 선택할 때는 자신의 연령대와 성별에 적합한 작품을 선택하는 것이 중요합니다. 특정 배역을 위해 오디션을 보는 경우, 자신이 연기하는 캐릭터와 톤과 스타일이 비슷한 자료를 찾아보세요.

고려해야 할 또 다른 중요한 요소는 작품의 길이입니다. 오디션 자료는 일반적으로 2분을 넘지 않아야 하므로 해당 시간 내에 쉽게 적응할 수 있는 자료를 선택하는 것이 중요합니다.

마지막으로, 항상 개인적인 차원에서 공감할 수 있는 소재를 선택하세요. 오디션에서 열정과 투자가 느껴지는 소재를 선택해야 캐스팅 팀에게 깊은 인상을 남길 수 있습니다.

요약하자면, 적합한 오디션 자료를 선택하려면 조사, 자기 인식, 개인적인 친밀감이 모두 필요합니다. 시간을 들여 오디션 자료를 신중하게 선택하고 준비하면 꿈의 배역을 맡을 확률을 높일 수 있습니다.

업계 전문가에게 자신을 마케팅하기

1. 압박감 속에서 연기하기
오디션은 압박감이 큰 상황일 수 있지만, 업계에서 성공하기 위해서는 압박감 속에서 연기하는 방법을 배우는 것이 중요합니다. 이 섹션에서는 호흡법, 시각화 기법, 긴장 조절 팁 등 오디션 중 침착함과 집중력을 유지하는 데 도움이 되는 기술을 살펴봅니다.

2. 지속적인 인상 남기기
오디션에서는 자신의 재능을 보여줄 뿐만 아니라 캐스팅 디렉터에게 깊은 인상을 남기는 것이 중요합니다. 강렬한 첫인상을 남기는 방법, 청중과 소통하는 방법, 다른 배우와 차별화되는 지속적인 인상을 남기는 방법에 대해 알아보세요.

3. 프로페셔널하고 준비된 자세
프로페셔널하고 준비된 자세는 오래도록 기억에 남는 인상을 남기는 데 필수적입니다. 정시에 도착하고, 적절한 복장을 갖추고,

프로필 등 필요한 모든 자료를 준비하세요. 오디션 자료를 철저히 준비하고 여러 번 리허설을 했는지 확인하세요.

4. 개성을 드러내세요

프로페셔널한 태도를 보이는 것도 중요하지만, 오디션에서 자신의 개성을 보여주는 것도 중요합니다. 캐스팅 디렉터는 리허설된 모습이 아닌 진짜 모습을 보고 싶어 합니다. 오디션에 자신만의 개성을 불어넣으면 눈에 띄고 기억에 남는 지원자가 될 수 있습니다.

5. 매력적이고 카리스마 있는 모습

매력적이고 카리스마 있는 지원자는 오디션에서 가장 큰 인상을 남기는 경우가 많습니다. 눈을 마주치고, 명확하게 말하고, 보디랭귀지를 사용하여 자신의 감정과 의도를 전달하세요. 캐스팅 디렉터 또는 현장의 다른 배우와 소통하여 역동적인 연기를 연출하세요.

6. 연출에 개방적이어야 합니다.

깊은 인상을 남기는 가장 좋은 방법 중 하나는 연출에 개방적인 자세를 취하는 것입니다. 캐스팅 디렉터는 협력적이고 피드백에 개방적인 배우와 함께 작업하기를 원합니다. 연출의 지시를 기꺼이 받아들이고 연기를 조정할 수 있어야 합니다.

7. 오디션 후 후속 조치

오디션 후에는 캐스팅 디렉터에게 후속 조치를 취하고 기회를 준 것에 대해 감사를 표시하는 것이 중요합니다. 효과적인 후속 이메일을 작성하는 방법, 전화 통화 시기와 방법, 업계 전문가와의 관계 구축을 위한 기타 팁에 대해 알아보세요.

요약하자면, 오디션에서 좋은 인상을 남기려면 전문성, 개성, 참여도, 연출에 대한 개방성 등이 모두 필요합니다. 이러한 팁을 따르면 오디션이 끝난 후에도 오랫동안 기억될 가능성을 높일 수 있으며, 이는 향후 더 많은 기회로 이어질 수 있습니다. 준비된 자세로 적절한 소재를 선택하고, 압박감 속에서 연기를 펼치고, 깊은 인상을 남기고, 효과적으로 후속 조치를 취하면 경쟁이 치열한 연기 세계에서 성공할 수 있는 최고의 기회를 잡을 수 있습니다.

5장 : 연기의 비즈니스

엔터테인먼트 산업은 종종 화려하고 흥미진진한 것으로 특징지어지지만, 이 또한 하나의 사업이라는 점을 기억하는 것이 중요합니다. 배우로서 자신과 경력을 보호하려면 업계의 비즈니스 측면을 제대로 이해하는 것이 중요합니다. 이 섹션에서는 계약, 협상, 재정, 법적 및 행정적 요건과 같은 주요 주제를 다룹니다.

계약과 협상의 이해

계약은 엔터테인먼트 산업의 기본 요소이며, 배우로서 경력을 쌓는 동안 다양한 계약에 직면하게 될 가능성이 높습니다. 계약서에 명시된 계약 조건과 협상 과정을 잘 이해하는 것이 중요합니다. 이 섹션에서는 탤런트 계약, 옵션 계약, 비공개 계약 등 다양한 유형의 계약에 대해 자세히 알아보고, 유리한 조건을 협상하는 방법에 대한 팁을 제공합니다.

배우로서 계약과 협상을 이해하는 것은 엔터테인먼트 업계에서 성공하는 데 매우 중요합니다. 영화나 TV 프로그램에 출연하기 위해 계약을 체결하든, 광고나 홍보 계약을 위해 협상을 하든, 계약 언어와 협상 전술을 제대로 이해하면 자신에게 가장 유리한 계약을 체결하는 데 도움이 될 수 있습니다.

계약과 협상을 이해하기 위한 첫 번째 단계는 기본적인 계약 용어를 숙지하는 것입니다. 여기에는 '성과', '보상', '독점권', '기간' 등의 용어가 포함됩니다. 또한 재능 계약, 옵션 계약, 기밀 유지 계약 등 커리어에서 마주칠 수 있는 다양한 유형의 계약에 대해 이해하는 것도 중요합니다.

계약서에 대한 기본적인 이해가 끝나면 효과적으로 협상하는 방법을 알아야 합니다. 협상은 주고받는 과정이며, 자신이 수용할 수 있는 것과 그렇지 않은 것에 대한 명확한 생각을 가지고 협상에 접근하는 것이 중요합니다. 또한 상대방이 무엇을 원하는지 파악하여 서로에게 이익이 되는 조건을 제안할 수 있어야 합니다.

협상에서 가장 중요한 기술 중 하나는 효과적인 의사소통 능력입니다. 이는 명확하고 간결하게 의사 소통하고 상대방의 우려 사항과 요구 사항을 주의 깊게 경청하는 것을 의미합니다. 또한 적절한 경우 기꺼이 타협하면서 동시에 자신의 이익을 옹호할 수 있어야 합니다.

계약 협상의 또 다른 핵심 측면은 배우로서 자신의 가치를 이해하는 것입니다. 즉, 보상과 특전에 대한 업계 표준을 숙지하고 자신의 기술과 경험이 동종업계의 다른 사람들과 어떻게 비교되는지 파악해야 합니다. 같은 직급의 다른 사람들이 받는 페이를 파악하기 위해 조사를 하고, 특정 계약금이나 혜택을 받을 자격이 있는 이유를 설명할 준비를 해야 할 수도 있습니다.

마지막으로, 전문적인 태도로 계약 협상에 임하는 것이 중요합니다. 이는 상대방을 존중하고 예의 바르게 대하는 동시에 자신의 이익을 옹호하는 것을 의미합니다. 또한 상대방이 자신의 요구를 충족시키지 않을 경우 협상에서 물러날 준비가 되어 있어야 하며, 미래의 기회에 대한 문은 열어 두어야 합니다.

요약하자면, 계약과 협상을 이해하는 것은 엔터테인먼트 업계에서 성공적인 커리어를 쌓고자 하는 모든 배우에게 필수적인 기술입니다. 계약 용어에 익숙해지고, 협상 전술을 익히고, 전문적인 태도를 유지하면서 자신의 이익을 옹호함으로써 자신을 위한 최상의 거래를 확보하고 업계에서 강력한 평판을 쌓을 수 있습니다.

재정관리

배우의 수입은 불규칙할 수 있으므로 안정성과 보안을 보장하기 위해 탄탄한 재정 계획을 세우는 것이 중요합니다. 이 섹션에서는 예산 편성, 은퇴를 위한 저축, 현명한 투자 등 재정 관리에 대한 실용적인 조언을 제공합니다. 또한 엔터테인먼트 업계에서 일하는 것이 세금에 미치는 영향을 살펴보고 이 복잡한 분야를 탐색하는 방법에 대한 지침도 제공합니다.

배우로서 재정을 관리하는 일은 특히 이제 막 업계에 발을 들인 사람들에게는 벅찬 일이 될 수 있습니다. 하지만 안정적이고 지속 가능한 경력을 쌓기 위해서는 예산을 효과적으로 책정하고 재정을 관리하는 방법을 배우는 것이 중요합니다.

재정 관리의 첫 번째 단계는 예산을 세우는 것입니다. 예산에는 임대료, 공과금, 식비, 교통비, 기타 필요한 비용 등 모든 지출이 포함되어야 합니다. 또한 연극 공연, 더빙 작업 또는 기타 관련 수입과 같이 예상되는 모든 수입을 포함해야 합니다.

예산을 세운 후에는 가능한 한 예산에 충실히 따르는 것이 중요합니다. 특히 수입이 불규칙하거나 예측할 수 없는 경우에는 어려울 수 있지만, 과소비나 생활비를 초과하는 지출을 피하는 것이 중요합니다. 또한 의료비나 자동차 수리비와 같은 긴급 상황이나 예상치 못한 지출에 대비해 비상금을 따로 마련해 두는 것도 중요합니다.

배우로서 재정 관리의 또 다른 핵심 요소는 미래를 위해 저축하는 것입니다. 여기에는 은퇴를 위한 저축 뿐만 아니라 미래의 커리어 기회와 투자를 위한 저축도 포함됩니다. 매달 적은 금액만 저축할 수 있더라도 경력 초기에 저축 계획을 수립하는 것이 중요합니다.

예산을 세우고 저축하는 것 외에도 배우로서 세금을 잘 파악하는 것도 중요합니다. 배우들은 종종 독립 계약자로 일하며 세금 목적상 수입과 지출을 추적할 책임이 있기 때문에 이는 복잡할 수 있습니다. 세무 전문가와 상담하여 세금을 올바르게 신고하고 사용 가능한 세금 공제 또는 세액 공제를 활용하고 있는지 확인하는 것이 중요합니다.

마지막으로, 엔터테인먼트 산업의 재정적 측면을 잘 이해하는 것이 중요합니다. 여기에는 계약 협상과 업계에서 일반적으로 사용되는 다양한 지불 구조에 대한 이해가 포함됩니다. 또한 재정에 영향을 미칠 수 있는 노조 회비나 출장비와 같은 업계별 비용도 파악하는 것이 중요합니다.

결론적으로, 배우로서 재정을 관리하려면 신중한 계획과 예산 책정, 저축이 필요합니다. 경력 초기에 좋은 재정 습관을 확립하고 경력이 쌓이면서 재정 상태를 파악하는 것이 중요합니다. 이를 통해 엔터테인먼트 업계에서 안정적이고 지속 가능한 경력을 쌓을 수 있습니다.

법률 및 행정 요건 탐색하기

엔터테인먼트 산업은 규제가 엄격하므로 업무에 영향을 미치는 법적 및 행정적 요건을 숙지하는 것이 중요합니다. 이 섹션에서는 노조 가입, 취업 허가, 해외 근무 비자 등의 주요 주제를 다룹니다. 또한 지적 재산 보호의 중요성에 대해 논의하고 저작권법에 대한 지침도 제공합니다.

엔터테인먼트 산업의 법적 및 행정적 요구 사항을 탐색하는 것은 배우에게 어려운 일이 될 수 있습니다. 계약의 법적 의미를 이해하는 것부터 적절한 허가 및 라이선스를 취득하는 것까지, 배우에게는 업계의 법적 및 행정적 측면에 대한 기본적인 이해가 중요합니다.

배우에게 가장 중요한 법적 고려 사항 중 하나는 계약서입니다. 계약서는 보수, 근무 조건, 프로젝트 기간 등 배우의 고용 조건이 명시된 법적 구속력이 있는 계약서입니다. 배우가 계약서에 서명하기 전에 계약서를 꼼꼼히 읽고 이해하는 것이 중요하며, 질문이나 우려 사항이 있는 경우 법률 자문을 구하는 것이 좋습니다.

배우가 고려해야 할 또 다른 중요한 법적 사항은 지적 재산권입니다. 배우들은 자신의 초상 및 초상에 대한 권리를 인식하고 계약 시 초상 및 초상 사용에 대해 협의해야 합니다. 또한 상표나 저작권과 같은 제3자의 지적 재산권을 인지하고 있어야 하며, 이러한 자료를 공연에 사용하기 전에 허가를 받아야 합니다.

행정 요건과 관련하여 배우들은 공연에 필요한 허가 및 라이선스를 숙지해야 합니다. 공연의 장소와 유형에 따라 배우가 불꽃놀이, 동물, 대중 집회 등에 대한 허가를 받아야 할 수도 있습니다. 또한 배우들은 최저임금 요건이나 근무 시간 제한 등 자신의 고용에 적용될 수 있는 모든 노동법을 숙지하고 있어야 합니다.

또한 배우들은 자신의 업무에 적용되는 세금 또는 재무 보고 요건을 숙지해야 합니다. 자영업자인 배우의 경우 독립 계약자로서 세금을 신고해야 할 수 있으며, 일 년 내내 추정세를 납부해야 할 수도 있습니다.

엔터테인먼트 산업의 법적 및 행정적 요건을 파악하는 것은 어려울 수 있지만, 적절한 리소스와 지식을 갖춘다면 배우가 법 테두리 안에서 활동하며 자신의 권리를 보호할 수 있습니다. 배우들은 필요에 따라 법률 및 재정 자문을 구하고 업계의 법률 및 행정 환경의 변경 사항이나 업데이트에 대한 최신 정보를 파악하는 것이 중요합니다.

결론적으로, 연기의 예술적 측면은 의심할 여지 없이 흥미롭고 성취감을 주지만, 연기 또한 하나의 사업이라는 점을 기억하는 것이 중요합니다. 연기의 비즈니스를 이해하는 것은 배우로서 장기적인 성공을 위해 매우 중요하며, 엔터테인먼트 산업의 비즈니스 측면을 자신감 있게 탐색하는 데 필요한 지식과 도구를 제공합니다.

6장 : 배우를 위한 자기 관리

연기는 신체적, 정신적 건강을 모두 해칠 수 있는 까다로운 직업입니다. 배우로서 건강을 유지하고 업계에서 성공적인 커리어를 유지하려면 자기 관리에 우선순위를 두는 것이 중요합니다. 이 장에서는 배우가 일상 생활에 적용할 수 있는 자기 관리를 위한 다양한 전략에 대해 설명합니다.

스트레스와 불안 관리하기

배우에게 스트레스와 불안은 흔한 경험일 수 있습니다. 예측할 수 없는 업계의 특성, 오디션 탈락, 공연에 대한 압박감 등이 모두 부담감을 느끼게 하는 원인이 될 수 있습니다. 하지만 정신적, 육체적 건강을 유지하고 성공적인 연기 경력을 계속 쌓기 위해서는 이러한 감정을 관리하는 것이 중요합니다. 이 섹션에서는 배우로서 스트레스와 불안을 관리하기 위한 다양한 기법과 전략에 대해 설명합니다.

1. 유발 요인 파악하기
스트레스와 불안을 관리하는 첫 번째 단계는 이러한 감정을 유발하는 요인을 파악하는 것입니다. 여기에는 특정 오디션이나 공연, 특정 사람이나 업계 전문가와의 교류, 개인적인 생활 사건 등이 포함될 수 있습니다. 스트레스와 불안을 유발하는 요인을 파악한 후에는 이러한 요인이 발생했을 때 이를 관리할 수 있는 대처 메커니즘을 개발할 수 있습니다.

2. 자기 관리 연습하기

스트레스와 불안을 관리하려면 자기 관리가 필수적입니다. 여기에는 충분한 수면, 규칙적인 운동, 건강한 식단 섭취, 좋아하는 활동에 시간을 투자하는 것 등이 포함됩니다. 또한 제작 기간이나 큰 오디션을 준비하는 등 스트레스가 많은 시기에는 자기 관리에 우선순위를 두는 것이 중요합니다.

3. 마음 챙김과 명상

마음 챙김과 명상은 스트레스와 불안을 관리하는 데 효과적인 도구가 될 수 있습니다. 이러한 연습에는 현재 순간에 집중하고 과거나 미래에 대한 생각과 걱정을 내려놓는 것이 포함됩니다. 이는 압도감을 줄이고 평온함을 증진하는 데 도움이 될 수 있습니다.

4. 호흡 운동

호흡 운동은 스트레스와 불안을 관리하기 위한 또 다른 효과적인 도구입니다. 호흡 운동은 호흡에 집중하고 깊고 천천히 숨을 쉬는 것을 포함합니다. 이는 긴장감을 줄이고 이완을 촉진하는 데 도움이 될 수 있습니다.

5. 지원 구하기

연기는 외롭고 고립된 직업일 수 있지만, 이런 경험을 하는 것은 혼자가 아니라는 사실을 기억하는 것이 중요합니다. 친구, 가족 또는 정신건강 전문가의 도움을 구하면 스트레스와 불안을 관리하는 데 큰 도움이 될 수 있습니다. 배우와 연기자만을 위한 지원 그룹도 있어 공동체 의식과 이해의 폭을 넓힐 수 있습니다.

6. 현실적인 목표 설정

현실적인 목표를 설정하면 부담감을 줄이고 성취감을 증진하는 데 도움이 될 수 있습니다. 달성 가능하고 자신의 가치관과 우선순위에 부합하는 단기 목표와 장기 목표를 모두 설정하는 것이 중요합니다. 이는 커리어에 방향성과 목적의식을 부여하고 미래에 대한 불확실성과 관련된 스트레스와 불안을 관리하는 데 도움이 될 수 있습니다.

7. 휴식 취하기

스트레스와 불안을 관리하려면 휴식을 취하는 것이 필수적입니다. 여기에는 리허설이나 오디션 중에 정기적으로 휴식을 취하는 것뿐만 아니라 프로젝트 사이에 시간을 내어 재충전하고 자기 관리에 집중하는 것도 포함됩니다. 자신의 몸에 귀를 기울이고 필요할 때 휴식과 이완을 우선시하는 것이 중요합니다.

8. 감사 연습하기

감사를 실천하려면 부정적인 면에 집중하기보다는 삶과 커리어의 긍정적인 측면에 집중해야 합니다. 이는 감사와 만족감을 증진하여 스트레스와 불안감을 줄이는 데 도움이 될 수 있습니다.

감사일기를 쓰거나 자신의 삶과 커리어에서 감사한 점을 정기적으로 생각해 보세요.

결론적으로, 배우로서 스트레스와 불안을 관리하려면 자기 관리와 정신 건강에 대한 적극적인 접근 방식이 필요합니다. 유발 요인을 파악하고, 자기 관리를 실천하고, 마음 챙김과 명상 기법을 사용하고, 지원을 구하고, 현실적인 목표를 설정하고, 휴식을 취하고, 감사를 실천함으로써 배우들은 압도감을 줄이고 개인 및 직업 생활에서 행복감을 증진할 수 있습니다. 연기 업계에서 장기적인 성공과 성취를 이루기 위해서는 정신 건강과 자기 관리에 우선순위를 두는 것이 중요합니다.

거절에 대처하기

거절에 대처하는 것은 배우의 삶에서 피할 수 없는 부분입니다. 모든 배우가 커리어의 어느 시점에 직면하게 되는 문제입니다. 거절은 오디션에 대한 콜백을 받지 못하는 것부터 배역을 거절당하는 것까지 다양한 형태로 나타날 수 있습니다. 이러한 거절에 대처하는 것은 어려울 수 있지만 모든 배우가 개발해야 할 필수 기술입니다.

거절에 대처하는 첫 번째 단계는 거절이 개인적인 감정이 아니라는 것을 이해하는 것입니다. 거부는 업계의 일부이며 캐스팅 결정에는 배우의 재능과는 무관한 여러 가지 요소가 작용합니다. 감독이 특정 외모나 연령대를 가진 사람을 찾고 있을 수도 있고, 이미 캐스팅된 역할일 수도 있습니다. 캐스팅 거부가 배우의 가치나 재능을 반영하는 것이 아니라는 점을 기억하는 것이 중요합니다.

다음 단계는 거절에 따른 감정을 스스로 느낄 수 있도록 허용하는 것입니다. 실망, 슬픔, 좌절감을 느끼는 것은 자연스러운 일입니다. 이러한 감정을 느낄 수 있도록 허용하되, 이러한 감정은 지나갈 것임을 인식하세요. 거절로 인해 자신이나 자신의 가치가 정의되지 않도록 하는 것이 중요합니다.

거절에 대처하는 한 가지 방법은 바쁘게 지내는 것입니다. 다른 프로젝트의 오디션에 계속 응시하거나 연기 수업을 듣거나 자신의 기술을 연마하세요. 바쁘게 지내면 거절을 극복하고 다음 기회에 집중하는 데 도움이 됩니다. 친구, 가족, 치료사 등 지원 시스템을 마련하는 것도 도움이 됩니다. 자신의 감정에 대해 이야기하면 감정을 처리하고 앞으로 나아가는 데 도움이 될 수 있습니다.

거절에 대처하는 또 다른 방법은 생각을 재구성하는 것입니다. 거절을 실패로 여기지 말고 배우고 성장할 수 있는 기회로 생각하세요. 캐스팅 디렉터나 연기 코치에게 피드백을 요청하고, 그 피드백을 활용해 실력을 향상시키세요. 모든 오디션은 실력을 연습할 수 있는 기회이며, 오디션을 많이 볼수록 더 나은 사람이 될 수 있다는 사실을 기억하세요.

또한 거절이 끝이 아니라는 점을 기억하는 것도 중요합니다. 많은 성공한 배우들이 커리어 초기에 거절을 겪었습니다. 캐스팅 결정에는 여러 가지 요소가 고려되며, 단 한 번의 승낙으로 경력을 바꿀 수 있다는 점을 명심하세요. 긍정적인 태도를 유지하며 계속 노력하여 앞으로 나아가세요.

결론적으로, 거절에 대처하는 것은 배우가 발전하는 데 필수적인 기술입니다. 거절은 개인적인 감정이 아니라는 것을 이해하고 그에 따른 감정을 스스로 느낄 수 있도록 하는 것이 중요합니다. 바쁘게 움직이고, 지원 시스템을 마련하고, 생각을 재구성하고, 계속 앞으로 나아가세요. 모든 오디션은 배우고 성장할 수 있는 기회이며, 한 번의 합격이 경력을 바꿀 수 있다는 사실을 기억하세요.

일과 삶의 균형 찾기

배우로서 일과 삶의 균형을 찾는 것은 어려운 일이 될 수 있습니다. 스케줄을 예측할 수 없고 업계의 요구로 인해 개인적인 일을 위한 시간을 내기가 어려울 수 있습니다. 하지만 건강한 일과 삶의 균형을 유지하는 것은 번아웃을 피하고 커리어 외적인 삶에서도 만족스러운 삶을 유지하는 데 필수적입니다. 배우로서 일과 삶의 균형을 찾기 위한 몇 가지 팁을 소개합니다.

1. 경계 설정하기

일과 삶의 균형을 찾기 위해 할 수 있는 가장 중요한 일 중 하나는 경계를 설정하는 것입니다. 언제 일할 수 있고 언제 일할 수 없는지 결정하세요. 이러한 경계를 에이전트, 매니저, 기타 커리어에 관여할 수 있는 모든 사람에게 명확하게 전달하세요. 일하지 않을 때는 업무와 연결을 끊고 개인 생활에 집중하세요.

2. 자기 관리에 우선순위를 두세요

건강한 일과 삶의 균형을 유지하려면 자신을 돌보는 것이 중요합니다. 충분한 수면을 취하고, 잘 먹고, 규칙적으로 운동하세요. 산책을 하거나 명상을 하는 등 일상 생활에 자기 관리를 접목할 수 있는 방법을 찾아보세요. 자기 관리는 스트레스를 관리하고 개인 생활에 집중하는 데 도움이 될 수 있습니다.

3. 미리 계획하기

배우의 경우 막판에 오디션이나 콜백을 받는 일이 많을 수 있습니다. 하지만 가능한 한 미리 계획을 세우면 일과 삶의 균형을 찾는 데 도움이 됩니다. 취미 생활이나 가족 및 친구들과 시간을 보내는 등 개인적인 활동을 위한 시간을 따로 마련하세요. 일과 개인 생활의 균형을 맞출 수 있도록 가능한 한 미리 계획을 세우세요.

4. 기술에 대한 경계 만들기

기술은 일과 삶의 균형에 있어 양날의 검이 될 수 있습니다. 한편으로는 연결 상태를 유지하고 업무를 더 쉽게 처리할 수 있게 해줍니다. 반면에 연결을 끊고 개인 생활에 집중하는 것을 어렵게 만들 수도 있습니다. 이메일 확인 시간을 정하거나 저녁 식사 시간에는 휴대폰을 꺼두는 등 기술에 대한 경계를 설정하는 것이 좋습니다.

5. 거절하는 법 배우기

배우로서 여러분에게 다가오는 모든 기회에 "YES"라고 말해야 한다는 압박감을 느낄 수 있습니다. 하지만 거절하는 법을 배우는 것은 일과 삶의 균형을 찾는 데 필수적인 부분입니다. 프로젝트나 기회가 자신의 가치관이나 목표에 부합하지 않는다면 거절해도 괜찮습니다. 거절은 개인 생활의 우선순위를 정하고 번아웃을 피할 수 있는 방법이 될 수 있다는 점을 기억하세요.

6. 개인 프로젝트 추구

연기 경력 외에 개인 프로젝트를 추진하는 것도 일과 삶의 균형을 찾는 좋은 방법이 될 수 있습니다. 커리어와 무관한 취미나 열정적인 프로젝트에 도전해 보세요. 이를 통해 재충전하고 삶의 다른 측면에 계속 몰입할 수 있습니다.

7. 지원 구하기

마지막으로, 친구, 가족 또는 상담사에게 도움을 요청하는 것을 두려워하지 마세요. 일과 삶의 균형을 찾는 것은 어려운 일이 될 수 있으며, 도움을 요청하는 것은 괜찮습니다. 다른 사람들과 이야기를 나누면 경력과 개인 생활을 관리하기 위한 새로운 관점을 얻고 새로운 전략을 찾는 데 도움이 될 수 있습니다.

결론적으로, 배우로서 일과 삶의 균형을 찾으려면 의지와 노력이 필요합니다. 경계를 설정하고, 자기 관리의 우선순위를 정하고, 미리 계획을 세우고, 기술에 대한 경계를 만들고, 거절하는 법을 배우고, 개인 프로젝트를 추진하고, 지원을 구하는 것은 모두 커리어와 개인 생활 사이의 균형을 찾기 위한 필수 전략입니다. 건강한 균형을 유지하기 위한 조치를 취하면 번아웃을 피하고 무대나 스크린 안팎에서 만족스러운 삶을 누릴 수 있습니다.

7장 : 지원 시스템 구축하기

배우로서 지원 시스템을 갖추는 것은 성공과 웰빙에 매우 중요합니다. 정서적, 전문적, 실용적인 지원을 제공할 수 있는 사람들과의 네트워크를 구축하면 업계의 기복을 헤쳐 나가고 목표에 동기를 부여하고 집중하는 데 도움이 될 수 있습니다. 이 장에서는 배우로서 강력한 지원 시스템을 구축할 수 있는 다양한 방법을 살펴봅니다.

1. 요구 사항 파악하기
지원 시스템을 구축하는 첫 번째 단계는 자신의 필요를 파악하는 것입니다. 어떤 종류의 지원이 필요한가요? 정서적 지원인가요, 전문적인 지원인가요, 아니면 실용적인 지원인가요? 정서적 지원은 좌절감을 토로할 때 귀를 기울여 줄 수 있는 사람, 전문적 지원은 커리어를 안내해 줄 수 있는 멘토, 실용적 지원은 오디션 일정이나 재정 관리 등 커리어를 관리하는 일상적인 업무에 도움을 줄 수 있는 사람일 수 있습니다.

2. 네트워크에 연락하기
필요한 부분을 파악했다면 기존 네트워크에 연락하세요. 여기에는 가족, 친구, 전 직장 동료, 동창 등이 포함될 수 있습니다. 이들에게 여러분이 찾고 있는 것이 무엇이며 어떻게 도움을 줄 수 있는지 알려주세요. 필요한 지원을 제공할 수 있는 사람을 알고 있거나 직접 지원을 제공할 수 있을 수도 있습니다.

3. 전문 단체에 가입하기

전문 단체에 가입하는 것은 같은 생각을 가진 사람들로 구성된 지원 시스템을 구축하는 훌륭한 방법이 될 수 있습니다. 많은 업계 단체에서 다른 배우, 에이전트, 업계 전문가와 연결해 주는 네트워킹 이벤트, 워크숍, 멘토링 프로그램을 제공합니다. 이러한 행사에 참석하여 업계의 다른 사람들과 관계를 구축하는 것은 지원 시스템을 구축하는 데 매우 유용할 수 있습니다.

4. 전문 팀 고용

경력이 쌓이면서 커리어 관리를 도와줄 전문 팀을 고용하는 것을 고려할 수 있습니다. 여기에는 에이전트, 매니저, 홍보 담당자 또는 재정 고문이 포함될 수 있습니다. 팀원마다 각기 다른 종류의 지원을 제공할 수 있으며 복잡한 업계 환경을 헤쳐 나가는데 도움을 줄 수 있습니다. 고용하는 전문가가 여러분의 필요에 적합한지 신중하게 검토해야 합니다.

5. 동료 지원 그룹 구축

마지막으로, 동료 활동가들로 구성된 동료 지원 그룹을 구축하는 것도 고려해 보세요. 이 그룹은 업계의 어려움을 논의하고, 리소스를 공유하며, 서로에게 정서적 지원을 제공할 수 있는 안전한 공간이 될 수 있습니다. 동료 지원 그룹은 소셜 미디어, 온라인 포럼 또는 대면 모임을 통해 구성할 수 있습니다. 모든 사람의 요구가 충족될 수 있도록 그룹에 대한 기본 규칙과 목표를 설정하세요.

결론적으로, 배우로서 지원 시스템을 구축하는 것은 여러분의 성공과 웰빙에 필수적입니다. 자신의 필요를 파악하고, 네트워크에 연락하고, 전문 조직에 가입하고, 전문 팀을 고용하고, 동료 지원 그룹을 구축함으로써 업계의 어려움을 헤쳐 나가고 목표를 달성하는 데 도움을 줄 수 있는 강력한 인적 네트워크를 구축할 수 있습니다. 지원 시스템을 구축하는 데는 시간과 노력, 취약성이 필요하지만 장기적으로는 그만한 가치가 있다는 점을 기억하세요.

서로 돕는 관계 찾기 및 육성하기

배우로서 지지적인 관계를 찾고 육성하는 것은 건강하고 성공적인 커리어를 유지하는 데 매우 중요합니다. 업계의 어려움을 이해하고 여정 전반에 걸쳐 지원과 안내, 격려를 제공할 수 있는 사람을 만나는 것은 필수적입니다.

서로에게 도움이 되는 관계를 찾는 가장 좋은 방법 중 하나는 다른 배우들과 교류하는 것입니다. 연기 그룹에 가입하고, 워크숍에 참석하고, 지역 연극 제작에 참여하면 비슷한 경험을 공유하고 귀중한 조언과 피드백을 제공할 수 있는 다른 배우들을 만날 수 있습니다.

또한 에이전트, 캐스팅 디렉터, 프로듀서 등 업계 전문가와 관계를 구축하는 것도 중요합니다. 이러한 관계가 항상 도움이 되는 것은 아니지만, 업계에 대한 귀중한 인사이트와 경력 성장의 기회를 제공할 수 있습니다.

관계를 구축할 때는 진실하고 진정성 있는 태도를 보이는 것이 중요합니다. 사람들은 상대방이 자신에게 진실하지 않을 때 이를 감지할 수 있으며, 정직과 투명성 이외의 다른 요소를 바탕으로 의미 있는 관계를 구축하는 것은 어려울 수 있습니다.

또한 관계는 양방향이라는 점을 기억하는 것이 중요합니다. 서로를 지지하는 네트워크를 구축하려면 여러분도 다른 사람들을 지지해야 합니다. 친구의 연극을 보러 가거나 동료의 오디션에 피드백을 제공하는 등, 작은 응원의 행동이 오래 지속되는 관계를 구축하는 데 큰 도움이 될 수 있습니다.

소통은 서로 돕는 관계를 키우는 데 있어 핵심적인 요소입니다. 자신의 어려움, 고민, 성취에 대해 솔직하고 개방적으로 이야기하면 다른 사람들이 자신의 필요를 이해하고 가장 필요할 때 도움을 줄 수 있습니다.

새로운 관계를 구축하는 것뿐만 아니라 기존 관계를 발전시키는 것도 중요합니다. 정기적인 체크인, 커피 데이트, 사교 모임은 지원 네트워크와의 관계를 돈독하게 유지하는 데 도움이 될 수 있습니다.

마지막으로, 업계 외부의 가족이나 친구 등 다양한 출처에서 지지적인 관계를 맺을 수 있다는 점을 기억해야 합니다. 이러한 관계는 예측할 수 없는 업계에서 정상성과 안정감을 제공하고 귀중한 관점과 지원을 제공할 수 있습니다.

요약하자면, 배우에게는 서로에게 도움이 되는 관계를 찾고 육성하는 것이 필수적입니다. 다른 배우 및 업계 전문가와 관계를 구축하고, 진실하고 진정성 있게 대하며, 다른 사람에게 지원을 제공하고, 공개적으로 소통하는 것이 강력한 관계를 구축하고 유지하는 데 핵심입니다. 서로를 지지하는 관계는 다양한 경로를 통해 형성될 수 있으며, 새로운 관계를 구축하는 것만큼이나 기존 관계를 발전시키는 것도 중요하다는 점을 기억하세요.

비판과 피드백 관리하기

배우로서 비판과 피드백을 받는 것은 피할 수 없는 일입니다. 캐스팅 디렉터, 에이전트, 감독, 심지어 친구나 가족으로부터의 피드백은 기술을 향상하고 커리어를 발전시키는 데 매우 중요합니다. 하지만 모든 피드백이 긍정적인 것은 아니며 모든 사람이 건설적인 비판을 하는 방법을 아는 것은 아닙니다. 따라서 비판과 피드백을 관리하는 것은 배우로서 어려운 측면이 될 수 있지만, 연기자로서 성장하기 위해서는 이를 효과적으로 처리하는 것이 필수적입니다.

비판을 받을 때 가장 먼저 염두에 두어야 할 것은 열린 마음을 유지하는 것입니다. 피드백을 주는 사람은 여러분의 발전을 돕기 위해 노력하고 있다는 사실을 기억하세요. 방어적인 태도를 취하지 말고 비판을 개인적으로 받아들이지 마세요. 대신, 비판을 배우고 성장할 수 있는 기회로 생각하세요.

또한 피드백을 주는 사람이 누구인지 고려하는 것도 중요합니다. 감독이나 캐스팅 디렉터와 같이 권위 있는 위치에 있는 사람이라면 업계 경험이 적은 사람보다 그들의 피드백에 더 큰 무게가 실릴 가능성이 높습니다. 하지만 그렇다고 해서 다른 사람의 피드백을 무시해야 한다는 의미는 아닙니다. 때로는 새로운 관점이 성과를 개선하는 데 필요한 것일 수도 있습니다.

피드백을 받을 때는 적극적으로 경청하는 것이 중요합니다. 즉, 상대방의 말에 주의를 기울이고, 명확히 하기 위해 질문하고, 필요한 경우 메모를 해야 합니다. 피드백에 응답하기 전에 잠시 시간을 내어 피드백을 처리해도 괜찮습니다. 피드백을 제공하는 사람을 방해하지 말고 방어적이거나 논쟁적인 태도를 취하지 않도록 주의하세요.

피드백을 받은 후에는 잠시 시간을 내어 생각해 보세요. 상대방의 의견을 고려하고 그 의견이 타당한지 판단하세요. 확실하지 않은 경우 다음 공연에 피드백을 적용하여 작업을 개선할 수 있는지 확인해 보세요. 개선되었다면 피드백이 건설적이고 가치 있는 것이었을 가능성이 높습니다. 그렇지 않다면 피드백을 무시하고 넘어가도 괜찮습니다.

피드백을 받을 때는 목표에 집중하는 것도 중요합니다. 배우가

된 이유와 커리어에서 달성하고자 하는 목표를 기억하세요. 피드백은 목표에 도달하는 데 도움이 되는 도구로 활용하되, 피드백으로 인해 목표에서 벗어나지 않도록 하세요.

비평과 피드백을 관리하는 데 있어 또 다른 중요한 측면은 효과적으로 피드백을 주는 방법을 배우는 것입니다. 배우로서 커리어의 어느 시점에서 다른 사람에게 피드백을 제공해야 할 때가 있을 것입니다. 이때 건설적이고 정중하게 피드백을 주는 것이 중요합니다. 먼저 상대방이 잘한 점을 파악한 다음 개선할 수 있는 구체적인 예를 제시하세요. 개선할 점을 제안하고 인신공격은 피하세요.

마지막으로, 비판과 피드백을 받을 때는 다른 사람의 도움을 구하는 것이 중요합니다. 주변에서 나를 지지해 주고 건설적인 피드백을 줄 수 있는 사람을 찾아보세요. 지도와 조언을 제공할 수 있는 멘토나 코치를 두는 것도 도움이 됩니다. 강력한 지원 시스템이 있으면 비판과 피드백을 관리할 때 큰 차이를 만들 수 있습니다.

결론적으로, 비판과 피드백을 관리하는 것은 배우로서 중요한 부분입니다. 때때로 어려울 수 있지만, 기술을 향상하고 커리어를 발전시키기 위해서는 이를 효과적으로 처리하는 것이 필수적입니다. 열린 마음을 유지하고, 적극적으로 경청하고, 피드백을 반영하고, 목표에 집중하고, 건설적인 피드백을 제공하는 방법을 배우고, 친구, 가족, 멘토, 코치 등의 지원 네트워크를 찾는 것을 잊지 마세요. 이러한 전략을 통해 배우로서 비판과 피드백을 잘 관리할 수 있는 능력을 갖추게 될 것입니다.

경쟁과 질투에 대처하기

경쟁과 질투를 다루는 것은 예술을 포함한 모든 산업에서 피할 수 없는 부분입니다. 아티스트로서 여러분은 자신보다 더 성공하거나 재능이 뛰어나거나 인정받는 다른 아티스트를 만날 수 있습니다. 이러한 경쟁심과 질투심은 부담스러울 수 있으며 창의력, 동기 부여, 정신 건강에 영향을 미칠 수 있습니다. 하지만 예술적 커리어에서 계속 성장하고 번창하려면 이러한 감정을 건강하고 건설적인 방식으로 다루는 방법을 배우는 것이 중요합니다.

경쟁과 질투를 다루는 첫 번째 단계는 이러한 감정이 정상적이고 자연스러운 것임을 인식하는 것입니다. 다른 사람을 질투하거나 경쟁심을 느끼는 것은 괜찮지만, 이러한 감정이 자신을 지배하지 않도록 인정하고 받아들이는 것이 중요합니다. 이러한 감정을 인정하고 받아들이면 질투심이나 경쟁심에 대한 근본 원인을 이해하고 건설적으로 해결할 수 있습니다.

경쟁과 질투에 대처하는 가장 좋은 방법 중 하나는 아티스트로서 자신의 성장과 발전에 집중하는 것입니다. 다른 사람과 자신을 비교하는 대신 현실적인 목표를 설정하고 이를 달성하기 위해 노력하세요. 이렇게 하면 자신의 기술과 창의력을 향상하는 데 집중할 수 있어 작업에 대한 자신감과 만족감을 높일 수 있습니다.

경쟁과 질투에 대처하는 또 다른 중요한 측면은 긍정적인 마음가짐을 기르는 것입니다. 자신을 지지하고 격려하는 긍정적인 사람들로 주변을 둘러싸고, 자신을 실망시킬 수 있는 부정적이거나 독이 되는 사람들은 피하세요. 감사하는 마음을 연습하고 자신의 삶과 커리어에서 감사할 만한 일에 집중하세요. 이렇게 하면 부족한 것에서 내가 가진 것으로 초점을 전환하여 더 만족스럽고 성취감을 느낄 수 있습니다.

다른 사람의 비판과 피드백을 처리하는 방법을 배우는 것도 중요합니다. 아티스트로서 여러분은 동료, 시청자, 비평가 등 다양한 사람들로부터 피드백과 비평을 받게 됩니다. 피드백을 진지하게 받아들이고 작업 개선에 활용하는 것이 중요하지만, 이를 개인적으로 받아들이지 않는 것도 중요합니다. 피드백은 아티스트로서의 가치를 반영하는 것이 아니라 성장하고 배울 수 있는 기회라는 점을 기억하세요.

또한 다른 아티스트를 경쟁자로 생각하지 말고 협업하고 네트워킹 하는 방법을 배우는 것이 중요합니다. 협업을 통해 새로운 기술을 배우고, 시야를 넓히고, 새롭고 흥미로운 작품을 만들 수 있습니다. 또한 예술가로서의 커리어에서 새로운 기회와 인맥으로 이어질 수도 있습니다. 따라서 협업에 열린 자세로 임하고 동료를 존중하고 친절하게 대하는 것이 중요합니다.

마지막으로, 경쟁과 질투를 다룰 때는 정신적, 정서적 건강을 돌보는 것이 중요합니다. 이러한 감정은 지치게 하고 불안, 우울증 또는 번아웃으로 이어질 수 있습니다. 따라서 운동, 명상, 일기 쓰기, 심리 치료 등 자기 관리를 정기적으로 실천하는 것이 중요합니다. 이렇게 하면 회복력을 키우고 어려운 감정에 대처할 수 있는 건강한 대처 메커니즘을 개발할 수 있습니다.

결론적으로, 경쟁과 질투에 대처하는 것은 모든 예술가 경력에서 피할 수 없는 부분입니다. 하지만 예술가로서 계속 성장하고 번창하기 위해서는 이러한 감정을 건설적으로 다루는 방법을 배우는 것이 필수적입니다. 자신의 성장에 집중하고, 긍정적인 사고방식을 기르고, 비판과 피드백을 처리하고, 다른 사람들과 협업하고, 정신 건강을 돌보면 이러한 어려운 감정을 극복하고 예술 커리어에서 성공을 거둘 수 있습니다.

8장 : 업계의 장애물 탐색하기

배우 지망생은 치열한 경쟁부터 기회 부족, 캐스팅 편견 등 엔터테인먼트 업계에서 많은 장애물에 직면합니다. 성공적인 커리어를 쌓기 위해서는 이러한 장애물을 전략적으로 헤쳐 나가는 것이 중요합니다.

업계의 장애물을 헤쳐 나가기 위한 핵심 단계 중 하나는 자신이 직면한 구체적인 문제를 파악하는 것입니다. 예를 들어, 소외된 커뮤니티의 배우라면 제도적 편견으로 인해 추가적인 장벽에 직면할 수 있습니다. 또는 캐스팅 기회가 제한적인 지역에 거주하는 경우 오디션에 참가하고 포트폴리오를 구축하는 창의적인 방법을 찾아야 할 수도 있습니다.

직면한 구체적인 장애물을 파악한 후에는 이를 극복하기 위한 전략을 개발하기 시작할 수 있습니다. 여기에는 업계 전문가와의 네트워킹, 기술 향상을 위한 교육 기회 모색, 소셜 미디어 및 기타 디지털 플랫폼을 통한 강력한 온라인 입지 구축 등이 포함될 수 있습니다.

업계 동향과 변화에 대한 정보를 지속적으로 파악하는 것도 중요합니다. 업계가 발전함에 따라 새로운 기회와 장애물이 발생할 수 있으므로 업계 뉴스와 이벤트에 대한 최신 정보를 능동적으로 파악하는 것이 필수적입니다.

업계의 장애물을 헤쳐 나가는 데 있어 또 다른 중요한 측면은 긍정적인 태도를 유지하고 좌절을 인내하는 것입니다. 엔터테인먼트 업계에서 거절과 실망은 흔한 일이지만, 그렇다고 해서 목표를 추구하는 데 방해가 되어서는 안 됩니다. 강한 직업 윤리와 배우고 적응하려는 의지가 있다면 장애물을 극복하고 배우로서 성공을 거둘 수 있습니다.

궁극적으로 업계의 장애물을 헤쳐 나가기 위한 핵심은 목표에 집중하고 자신의 기술에 전념하는 것입니다. 끈기와 회복력, 전략적인 접근 방식을 통해 엔터테인먼트 업계의 어려움을 극복하고 배우로서 성공적인 커리어를 쌓을 수 있습니다.

타이프 캐스팅 극복하기

타이프 캐스팅(type casting)이란 연극이나 영화에서, 연기자의 외면적 특성에 따라 배역을 정하는 일입니다.

배우의 경우 외모, 이전 연기 경력 또는 기타 요인에 따라 특정 배역에 유형 캐스팅되는 경우가 흔합니다. 이는 특히 배우가 자신의 범위와 재능을 보여줄 수 있는 기회를 제한할 때 좌절감을 줄 수 있습니다. 하지만 타이프 캐스팅을 극복하고 업계에서 자신의 기회를 넓힐 수 있습니다.

무엇보다도 배우가 자신이 왜 타이프 캐스팅되는지 이해하는 것이 중요합니다. 외모 때문인가요, 과거 연기력 때문인가요, 아니면 다른 요인 때문인가요? 배우가 자신이 타이프 캐스팅되는 이유를 이해하면 해당 요인을 해결하고 필요한 경우 변경할 수 있습니다. 예를 들어, 배우가 지속적으로 '조난당한 소녀'로 캐스팅되는 경우, 더 다양한 역할을 연기할 수 있다는 것을 보여주기 위해 연기에 대한 강점과 자신감을 키우기 위해 노력해야 할 수 있습니다.

타입 캐스팅을 극복하기 위한 또 다른 전략은 배우의 전형적인 캐스팅에 도전하는 역할을 적극적으로 찾아 오디션을 보는 것입니다. 캐스팅이 보장되지 않기 때문에 위험할 수도 있지만, 캐스팅 디렉터와 프로듀서에게 배우가 다양한 유형의 역할을 연기할 수 있다는 것을 보여줄 수 있는 기회가 될 수도 있습니다. 업계 전문가와의 네트워킹 및 관계 구축도 배우가 이러한 유형의 기회를 얻는 데 도움이 될 수 있습니다.

또한 배우들은 훈련과 연습을 통해 자신의 기술과 다재 다능함을 확장하기 위한 조치를 취할 수 있습니다. 다양한 스타일과 기법의 연기 수업이나 워크숍에 참여하고, 다양한 장르의 독백과 장면을 연습하고, 노래나 춤에 대한 훈련을 받는 것도 배우가 자신의 영역을 넓히고 다양한 유형의 캐릭터를 연기할 수 있음을 보여주는 데 도움이 될 수 있습니다.

배우가 타입 캐스팅을 극복하기 위해 인내심을 갖고 끈기 있게 노력하는 것도 중요합니다. 특정 틀을 깨는 데는 시간이 걸릴 수 있고 그 과정에서 좌절이 있을 수도 있습니다. 하지만 목표에 집중하고 자신의 기술과 직업적 관계를 지속적으로 발전시켜 나간다면 배우들은 궁극적으로 더 다양한 역할에서 성공할 수 있습니다.

마지막으로, 타이프 캐스팅은 때때로 업계 내 편견과 고정관념의 결과일 수 있다는 점에 주목할 필요가 있습니다. 배우가 자신의 능력과 기회를 위해 노력하는 것도 중요하지만, 업계 전체가 다양성과 포용성을 높이기 위해 노력하는 것도 중요합니다. 고정관념에 도전하고 다양한 캐스팅과 스토리텔링을 적극적으로 모색함으로써 업계는 배우들이 자신의 모든 범위와 잠재력을 보여줄 수 있는 더 많은 기회를 창출할 수 있습니다.

차별과 편견에 대하여

다른 분야와 마찬가지로 엔터테인먼트 업계에서도 차별과 편견은 배우들이 직면하는 중대한 도전이 될 수 있습니다. 인종, 성별, 성적 취향, 나이 또는 기타 요인에 따른 차별은 기회를 제한하고 배우의 정신 건강과 웰빙에 영향을 미칠 수 있습니다. 배우가 이러한 문제를 효과적으로 해결하고 경력이나 개인적 가치를 손상시키지 않는 방식으로 문제를 해결하는 방법을 아는 것은 매우 중요합니다.

다양한 형태의 차별과 편견에 대한 이해

차별과 편견에 대처하기 위한 첫 번째 단계는 차별과 편견이 어떤 형태로 나타날 수 있는지 이해하는 것입니다. 차별은 인종, 성별 또는 기타 특성에 따라 배우가 역할이나 기회를 거부당하는 경우와 같이 명백할 수 있습니다. 캐스팅 디렉터가 배우의 배경이나 경험 때문에 특정 역할을 수행할 수 없다고 가정하는 경우와 같이 미묘할 수도 있습니다. 편견은 의사 결정권자가 자신도 모르게 고정관념이나 가정에 의존하는 경우와 같이 무의식적일 수 있습니다. 또한 누군가가 배우의 정체성에 따라 의도적으로 배우를 배제하거나 차별하는 경우와 같이 의식적일 수도 있습니다.

차별과 편견을 해결하기 위한 전략 개발하기

배우가 다양한 형태의 차별과 편견을 이해했다면, 이를 해결하기 위한 전략을 개발하는 것이 중요합니다. 한 가지 전략은 이러한 문제가 야기할 수 있는 피해와 그 발현 방식을 포함하여 이러한 문제에 대해 자신과 다른 사람들을 교육하는 것입니다. 여기에는 자료를 찾고, 워크숍에 참석하고, 동료 및 동료들과 솔직하고 개방적인 대화를 나누는 것이 포함될 수 있습니다.

또 다른 전략은 자신과 타인을 옹호하는 것입니다. 여기에는 차별과 편견이 발생했을 때 이에 반대하는 목소리를 내고, 다른 사람들과 협력하여 보다 포용적이고 공평한 환경을 조성하는 것이 포함될 수 있습니다. 또한 이러한 문제를 헤쳐 나가는데 지원과 지침을 제공할 수 있는 동료와 멘토를 찾을 수도 있습니다.

경우에 따라서는 노조, 길드 또는 기타 조직에 불만이나 고충을 제기하는 등 보다 공식적인 조치를 취해야 할 수도 있습니다. 이러한 과정과 절차를 이해하고 필요에 따라 법률 또는 기타 전문적인 지원을 받는 것이 중요합니다.

자기 관리 및 회복력 유지

차별과 편견에 대처하는 것은 정서적, 정신적으로 어려울 수 있습니다. 이럴 때일수록 활동가는 자기 관리와 회복력을 유지하는 것이 중요합니다. 여기에는 운동, 건강한 식습관, 명상 및 웰빙을 증진하는 기타 활동을 포함하는 자기 관리 루틴을 개발하는 것이 포함될 수 있습니다. 또한 필요한 경우 치료나 상담과 같은 전문적인 지원을 받는 것도 포함될 수 있습니다.

또한, 차별과 편견에 직면한 활동가에게는 회복탄력성을 구축하는 것이 중요합니다. 회복탄력성은 좌절에서 다시 일어나고 긍정적인 전망을 유지하며 장기적인 목표에 집중할 수 있는 능력을 포함합니다. 회복탄력성을 키우려면 현실적인 목표를 설정하고, 지원 네트워크를 구축하며, 자기 연민과 감사를 실천하는 것이 포함됩니다.

결론

차별과 편견에 대처하는 것은 엔터테인먼트 업계의 배우들에게 매우 중요한 문제입니다. 다양한 형태의 차별과 편견을 이해하고, 이를 해결하기 위한 전략을 개발하며, 자기 관리와 회복력을 유지함으로써 배우들은 이러한 어려움을 효과적으로 극복하고 성공적이고 만족스러운 커리어를 쌓을 수 있습니다. 보다 포용적이고 공평한 업계를 만들기 위해서는 다른 사람들과 협력하고, 지원과 자원을 찾고, 자신과 다른 사람들을 옹호하는 것이 필수적입니다.

번아웃 및 경력 정체기 관리하기

연기는 힘들고 도전적인 직업이 될 수 있으며, 배우가 번아웃을 경험하거나 커리어 정체기에 갇힌 느낌을 받는 것은 드문 일이 아닙니다. 번아웃은 배우가 직업의 요구와 그에 따른 압박감에 압도되어 탈진, 냉소, 분리감으로 이어질 때 발생할 수 있습니다. 경력 정체기는 배우가 자신의 노력과 수고에도 불구하고 커리어가 발전하지 않는다고 느낄 때 발생할 수 있습니다. 이러한 어려움은 실망스럽고 부담스러울 수 있지만 이를 관리할 수 있는 방법이 있습니다.

1. 번아웃 인식하기

번아웃 관리의 첫 번째 단계는 번아웃을 인식하는 것입니다. 번아웃을 경험하는 배우들은 지치고, 압도당하고, 감정적으로 고갈된 느낌을 받을 수 있습니다. 또한 업무에 대해 냉소적인 태도를 보이고 경력에 대한 동기나 흥미가 부족해질 수 있습니다.

신체적 증상으로는 두통, 피로, 위장 문제 등이 나타날 수 있습니다. 이러한 증상이 나타나면 한 걸음 물러서서 번아웃의 원인이 무엇인지 평가하는 것이 중요합니다.

2. 원인 파악하기

번아웃 증상을 인지했다면 다음 단계는 원인을 파악하는 것입니다. 번아웃은 과중한 업무량, 장시간 근무, 지원 부족, 개인적인 문제 등 다양한 요인으로 인해 발생할 수 있습니다. 번아웃의 원인을 파악하면 효과적으로 관리하기 위한 조치를 취하는 데 도움이 될 수 있습니다. 예를 들어, 과중한 업무량으로 인해 번아웃이 발생한다면 배우가 휴식을 취하거나 자기 관리에 우선순위를 두어야 할 수 있습니다.

3. 자기 관리하기

자기 관리는 번아웃을 관리하는 데 있어 필수적인 부분입니다. 배우들은 신체적, 정신적, 정서적으로 자신을 돌봐야 합니다. 여기에는 휴식을 취하거나 명상이나 요가를 연습하거나 기쁨과 휴식을 가져다주는 활동에 참여하는 것 등이 포함될 수 있습니다. 또한 경계를 설정하고 휴식을 취하며 자기 관리에 우선순위를 두어 건강한 일과 삶의 균형을 유지하는 것이 중요합니다.

4. 지원 요청하기

지원 시스템을 갖추는 것도 배우의 번아웃 관리에 도움이 될 수 있습니다. 여기에는 가족, 친구, 동료 또는 치료사가 포함될 수 있습니다. 누군가에게 자신의 어려움에 대해 이야기하면 감정을 처리하고 번아웃을 관리할 수 있는 해결책을 찾는 데 도움이 될 수 있습니다. 지원 그룹이나 온라인 커뮤니티도 유대감과 이해감을 제공할 수 있습니다.

5. 경력 정체기 해결

커리어 정체기에 갇혀 있다는 느낌은 열심히 일하고 노력해온 배우에게 좌절감을 안겨줄 수 있습니다. 하지만 커리어에는 기복이 있을 수 있으며, 좌절은 자연스러운 과정의 일부라는 점을 기억하는 것이 중요합니다. 다음은 경력 정체기를 극복하는 데 도움이 되는 몇 가지 팁입니다.

6. 목표 재평가하기

목표를 재평가하면 명확성과 방향성을 확보하는 데 도움이 될 수 있습니다. 커리어에서 달성하고 싶은 목표가 무엇인지, 이를 위해 어떤 단계를 밟아야 하는지 스스로에게 물어보는 것이 중요합니다. 여기에는 계획을 세우고, 달성 가능한 목표를 설정하고, 목표를 관리 가능한 단계로 세분화하는 작업이 포함될 수 있습니다.

7. 교육에 투자하기

교육과 기술에 투자하는 것도 경력 정체기를 극복하는 데 도움이 될 수 있습니다. 배우들은 수업, 워크샵 또는 세미나에 참여하여 기술을 향상시키거나 새로운 기술을 배울 수 있습니다. 이는 자신의 능력에 대한 자신감을 높이는 데 도움이 될 뿐만 아니라 잠재적인 고용주에게 더 매력적으로 보일 수 있습니다.

8. 네트워크 및 인맥 구축

네트워킹은 엔터테인먼트 업계에서 경력을 쌓는 데 있어 필수적인 부분입니다. 업계 전문가와의 인맥과 관계를 구축하면 새로운 기회를 찾고 경력 정체기를 극복하는 데 도움이 될 수 있습니다. 배우들은 이벤트에 참석하거나 전문 단체에 가입하거나 온라인 커뮤니티에 참여하여 네트워크를 확장하고 새로운 사람들을 만날 수 있습니다.

9. 긍정적인 태도 유지

마지막으로 긍정적인 태도를 유지하고 성장하는 마음가짐을 유지하는 것이 중요합니다. 좌절과 도전은 자연스러운 과정의 일부이며 성공에는 시간과 노력이 필요하다는 점을 기억하세요. 진행 상황과 성취에 집중하고 그 과정에서 이룬 성과를 축하하세요.

결론

번아웃과 커리어 정체기를 관리하는 것은 배우에게 흔한 문제이지만, 적절한 전략과 지원을 받으면 충분히 극복할 수 있습니다. 배우가 자기 자신을 우선시하는 것은 필수적입니다. 올바른 사고방식과 전략을 갖춘 배우라면 중대한 도전에 직면하더라도 커리어에 새로운 활력을 불어넣고 성공할 수 있습니다.

9장 : 감독 및 프로듀서와의 협업

감독 및 프로듀서와의 협업은 영화 및 텔레비전 업계에서 성공적인 작가가 되기 위한 중요한 요소입니다. 작가가 스토리와 캐릭터를 창조하는 역할을 담당한다면, 감독과 프로듀서는 이러한 요소를 스크린에 구현하는 역할을 담당합니다. 따라서 작가는 제작 과정에서 이러한 핵심 플레이어와 효과적으로 협업할 수 있어야 합니다.

감독 및 프로듀서와의 협업에서 가장 중요한 측면 중 하나는 커뮤니케이션입니다. 작가는 스토리와 캐릭터에 대한 자신의 비전을 명확하고 효과적으로 전달할 수 있어야 하며, 감독과 프로듀서의 피드백과 의견을 수용할 수 있어야 합니다. 이를 위해서는 적극적으로 경청하고 다양한 아이디어와 접근 방식에 대해 열린 마음을 가질 수 있는 능력이 필요합니다.

협업의 또 다른 중요한 측면은 감독 및 프로듀서와의 돈독한 관계를 구축하는 것입니다. 여기에는 시간을 내어 감독과 프로듀서를 개인으로서 알아가고, 그들의 창의적인 비전과 스타일을 이해하며, 상호 신뢰와 존중을 바탕으로 관계를 발전시키는 것이 포함됩니다. 돈독한 관계는 보다 생산적인 협업으로 이어질 수 있으며 향후 업무 기회로도 이어질 수 있습니다.

작가가 제작 과정에서 감독과 프로듀서의 역할을 이해하는 것도 중요합니다. 감독은 스토리를 시각화하고 화면에 구현하는 역할을 담당하며, 프로듀서는 전체 프로덕션을 감독하고 예산 범위 내에서 계획대로 진행되도록 하는 역할을 담당합니다. 작가는 이러한 서로 다른 역할을 인식하고 감독과 프로듀서가 설정한 틀 안에서 기꺼이 작업해야 합니다.

감독 및 프로듀서와 효과적으로 협업하기 위해서는 작가도 기꺼이 타협할 줄 알아야 합니다. 작가는 스토리와 캐릭터에 대한 명확한 비전을 가지고 있을 수 있지만, 프로덕션의 필요에 따라 변경하고 수정할 수 있는 열린 자세를 가져야 합니다. 이를 위해서는 자존심을 버리고 프로젝트의 전반적인 성공에 우선순위를 두려는 의지가 필요합니다.

마지막으로, 작가는 협업 과정 전반에 걸쳐 긍정적인 태도와 전문성을 유지하는 것이 중요합니다. 이는 마감일과 일정을 존중하고, 피드백과 비판에 개방적이며, 도전과 좌절에도 긍정적이고 건설적인 태도를 유지해야 함을 의미합니다.

요약하자면, 감독 및 프로듀서와의 협업은 영화 및 텔레비전 업계에서 성공적인 작가가 되기 위한 필수 요소입니다. 효과적인 협업을 위해서는 강력한 커뮤니케이션 기술, 관계 구축 능력, 다양한 제작 역할에 대한 이해, 타협할 줄 아는 의지, 긍정적이고 전문적인 태도가 필요합니다. 이러한 기술을 습득함으로써 작가는 감독 및 프로듀서와 지속적인 관계를 구축하고 함께 매력적이고 성공적인 프로젝트를 만들 수 있습니다.

비전과 요구 사항 전달하기

떠오르는 배우나 연기자라면 자신의 목표와 성취하고자 하는 바를 명확히 이해하는 것이 중요합니다. 감독, 프로듀서, 기타 공동 작업자 등 주변 사람들에게 자신의 비전과 요구 사항을 표현할 때는 의사소통이 중요합니다. 자신의 아이디어를 명확하고 자신감 있게 표현하는 방법을 배우면 자신의 예술적 비전에 부합하는 역할과 기회를 확보하는 데 도움이 될 수 있습니다.

피드백 주고받기

배우로서 피드백을 받는 것은 성장과 발전에 있어 매우 중요한 부분입니다. 피드백을 통해 기술을 향상하고 자신의 강점과 약점을 파악하여 궁극적으로 더 나은 연기자가 될 수 있습니다. 하지만 피드백을 받는다는 것은 특히 건설적인 방식으로 전달되지 않는다면 부담스러운 경험이 될 수도 있습니다. 이 장에서는 피드백을 주고받는 기술을 살펴봄으로써 이 과정을 최대한 활용하고 자신에게 유리하게 활용할 수 있도록 하겠습니다. . 마찬가지로 다른 사람에게 피드백을 제공하는 방법을 알면 더 강력한 크리에이티브 파트너십을 구축하고 모두가 같은 목표를 향해 노력하는 데 도움이 될 수 있습니다.

1. 피드백의 중요성
피드백은 외부의 시각에서 자신을 볼 수 있게 해주기 때문에 배우에게 필수적입니다. 피드백을 받으면 다른 방법으로는 알아차리지 못했을 자신의 연기에 대한 인사이트를 얻을 수 있습니다. 피드백은 자신의 강점과 약점을 파악하는 데 도움이 되므로 개선이 필요한 영역에서 기술을 개발하는 데 집중할 수 있습니다. 피드백이 없으면 배우로서 성장하기 어렵습니다.

2. 건설적인 피드백 제공
다른 배우에게 피드백을 제공할 때는 건설적인 방식으로 접근하는 것이 중요합니다. 비판적이거나 부정적인 피드백보다는 도움이 되고 지지하는 피드백을 제공해야 합니다. 다음은 건설적인 피드백을 제공하기 위한 몇 가지 팁입니다:

-긍정적인 댓글로 시작하세요: 배우가 잘한 점을 강조하는 것으로 시작하세요. 이렇게 하면 긍정적인 분위기를 조성하고 배우가 피드백을 더 잘 받아들이는 데 도움이 됩니다.
구체적으로 말하세요: 피드백을 제공할 때는 마음에 들었던 점과 마음에 들지 않았던 점을 구체적으로 설명하세요. 예를 들어, "연기가 마음에 들지 않았어요."라고 말하는 대신 "이 특정 장면에서 연기가 약간 밋밋하다고 느꼈습니다."라고 말하세요.

- 제안을 제공하세요: 잘못된 점을 지적하는 대신 배우가 어떻게

개선할 수 있는지에 대한 제안을 제공하세요. 예를 들어, "이 단어를 더 강조해서 장면에 더 많은 감정을 불어넣어 보세요."라고 말합니다.

-상대를 존중하세요: 피드백은 양방향이라는 점을 기억하세요. 여러분은 의견을 제시하는 것이지만, 그 의견을 어떻게 사용할지는 배우가 결정해야 합니다. 배우의 선택과 결정을 존중하세요.

3. 피드백 받기

피드백을 받는 것은 어려울 수 있으며, 특히 기대했던 것과 다른 피드백일 경우 더욱 그렇습니다. 하지만 열린 마음과 배우려는 의지로 피드백에 접근하는 것이 중요합니다. 다음은 피드백을 받기 위한 몇 가지 팁입니다:

- 적극적으로 경청하세요: 다른 사람이 피드백을 제공할 때는 상대방의 말을 주의 깊게 들어야 합니다. 방어적이거나 무시하는 태도를 취하지 마세요. 피드백은 배우고 성장할 수 있는 기회라는 점을 기억하세요.

- 질문하기: 이해가 되지 않거나 더 많은 정보를 원한다면 질문하세요. 이렇게 하면 피드백을 더 잘 이해하고 개선에 활용할 수 있는 방법을 찾을 수 있습니다.

- 메모하기: 나중에 참조할 수 있도록 피드백을 기록해 두세요. 이렇게 하면 어떤 말을 들었는지 기억하고 성과를 개선하기 위해 더 쉽게 작업할 수 있습니다.

- 피드백을 개인적으로 받아들이지 마세요: 피드백은 배우님 개인에 대한 평가가 아니라 배우님의 성과에 대한 평가라는 점을

기억하세요. 피드백을 개인적으로 받아들이지 말고 피드백을 개선하는 데 어떻게 활용할 수 있는지에 집중하세요.

4. 피드백을 사용하여 개선하기
피드백의 진정한 가치는 피드백을 사용하여 성과를 개선하는 데 있습니다. 다음은 피드백을 효과적으로 사용하기 위한 몇 가지 팁입니다:

- 목표를 설정하세요: 받은 피드백을 바탕으로 스스로 구체적인 목표를 설정하세요. 예를 들어, 대사를 서두르는 경향이 있다는 지적을 받았다면 속도를 늦추고 좀 더 신중하게 대사를 전달하는 것을 목표로 삼으세요.
- 연습하세요: 개선하는 가장 좋은 방법은 연습하는 것입니다. 받은 피드백을 참고하여 연습 세션을 안내하고 개선이 필요한 부분을 개선하세요.
- 후속 조치 요청하기: 진전이 있는지 확실하지 않거나 추가 피드백이 필요한 경우, 피드백을 제공한 사람에게 후속 조치를 요청하세요. 이렇게 하면 진행 상황을 파악하고 지속적으로 개선하는 데 도움이 됩니다.
결론적으로, 피드백을 주고받는 것은 배우에게 있어 필수적인 부분입니다.

성공적인 크리에이티브 파트너쉽 구축

엔터테인먼트 산업에서 협업은 필수적인 부분입니다. 강력하고 성공적인 크리에이티브 파트너십을 구축하는 것은 매력적이고 영향력 있는 작품을 제작하는 데 있어 핵심입니다. 성공적인 파트너십을 구축하려면 효과적으로 소통하고, 다른 사람들과 잘 협력하며, 새로운 아이디어와 관점에 개방적이어야 합니다. 또한 배우부터 감독, 프로듀서까지 프로젝트에 참여하는 모든 사람의 고유한 역할과 책임을 이해하는 것도 중요합니다.

배우로서 성공적인 크리에이티브 파트너십을 구축하는 것은 커리어 성장과 예술적 발전을 위해 필수적입니다. 이러한 파트너십은 에이전트 또는 매니저와의 관계부터 감독, 프로듀서, 동료 배우와의 협업에 이르기까지 다양합니다.

성공적인 크리에이티브 파트너십을 구축하려면 명확한 의사소통, 존중, 신뢰를 구축하는 것이 중요합니다. 다음은 이러한 관계를 구축하는 데 도움이 되는 몇 가지 팁입니다:

1. 프로답게 행동하세요: 정시에 출근하고, 준비된 자세로 임하며, 모든 사람을 존중하세요. 여기에는 동료 배우, 스태프, 프로젝트에 참여하는 모든 사람이 포함됩니다.

2. 명확하게 의사소통하세요: 크리에이티브 파트너와 요구 사항, 우려 사항, 아이디어를 명확하게 전달하세요. 파트너의 의견을 적극적으로 경청하고 피드백에 열린 자세로 임하세요.

3. 협업하세요: 성공적인 크리에이티브 파트너십을 구축하려면 협업이 필요합니다. 파트너와 협력하여 프로젝트에 대한 비전을

공유하고 서로의 장점을 최대한 끌어낼 수 있는 방법을 찾아보세요.

4. 유연성을 발휘하세요: 계획대로 일이 진행되지 않을 때가 있습니다. 크리에이티브 파트너와 함께 작업할 때 유연하고 적응력 있는 접근 방식을 취하세요.

5. 신뢰를 구축하세요: 성공적인 크리에이티브 파트너십을 위해서는 신뢰가 필수적입니다. 신뢰할 수 있고, 약속을 지키고, 약속을 이행함으로써 신뢰를 구축하세요.

6. 성공을 축하하세요: 크리에이티브 파트너와 함께 성공을 축하하세요. 이를 통해 동지애를 쌓고 긍정적인 업무 관계를 조성할 수 있습니다.

성공적인 크리에이티브 파트너십을 구축하는 것은 지속적인 과정이라는 점을 기억하세요. 시간과 노력, 그리고 배우고 성장하려는 의지가 필요합니다. 이 팁을 따르면 크리에이티브 파트너와 돈독한 관계를 구축하고 커리어에서 더 큰 성공을 거둘 수 있습니다.

10장 : 다양성과 포용성을 갖춘 업계 구축

배우 지망생으로서 엔터테인먼트 산업을 탐색하는 것은 어려울 수 있습니다. 성공으로 가는 길은 험난할 수 있으며, 종종 엔터테인먼트 업계는 배타적이고 접근하기 어렵게 느껴질 수 있습니다. 그러나 보다 다양하고 포용적인 산업을 구축하는 것은 모든 사람이 성공할 수 있는 동등한 기회를 갖도록 보장하는 데 필수적입니다. 이 섹션에서는 다양성과 포용성의 중요성과 여러분이 보다 포용적인 산업을 만드는 데 기여할 수 있는 방법에 대해 살펴봅니다.

다양성과 포용의 중요성 이해하기

다양성과 포용성은 단순한 유행어가 아니라 모든 산업의 성공에 있어 중요한 요소입니다. 엔터테인먼트 업계에서 다양성이란 인종, 성별, 나이, 성적 취향, 능력의 차이를 포용하는 것을 의미합니다. 포용적인 산업이란 배경이나 정체성에 관계없이 모든 사람이 가치 있고 존중 받는다고 느끼는 환경을 조성하는 것을 의미합니다.

포용성은 한 걸음 더 나아가 다양한 배경을 가진 개인이 조직의 모든 측면에서 가치 있고 존중 받으며 소속감을 느낄 수 있도록 보장합니다. 포용적인 환경은 소속감을 제공하고 협업을 장려하며 창의성을 키웁니다.

엔터테인먼트 업계에서는 다양성과 포용이 옳은 일일 뿐만 아니라 비즈니스에도 도움이 된다는 점을 이해하는 것이 중요합니다. 다양성과 포용성이 높은 업계는 화면에서 더 나은 표현, 창의성 향상, 더 넓은 관점으로 이어져 더 매력적인 콘텐츠를 제작하고 다양한 시청자에게 더 폭넓게 어필할 수 있습니다.

다양성과 포용의 중요성을 이해하려면 교육, 자기 성찰, 행동에 대한 지속적인 노력이 필요합니다. 여기에는 다양한 관점과 경험을 적극적으로 찾고, 편견에 도전하며, 개방적이고 정직한 소통을 위한 안전한 공간을 조성하는 것이 포함됩니다. 다양성과 포용성을 증진함으로써 모두에게 보다 공평하고 공정한 업계를 만들 수 있습니다.

엔터테인먼트 산업에서 다양성과 포용성이 중요한 이유는 무엇인가요? 첫째, 보다 진정성 있는 스토리텔링이 가능하기 때문입니다. 작가, 감독, 프로듀서 등 다양한 배경과 관점을 가진 사람들이 모이면 새롭고 흥미로운 이야기를 스크린에 담아낼 수 있습니다. 둘째, 이전에는 주류 프로젝트에서 배제되었던 배우들에게 더 많은 기회를 열어줍니다. 마지막으로, 영화 산업이 다양한 관객층을 반영할 수 있도록 합니다.

보다 포용적인 산업에 기여하기

배우 지망생으로서 업계의 다양성과 포용성에 변화를 가져오는 데 무력감을 느낄 수도 있습니다. 하지만 보다 포용적인 업계에 기여하기 위해 여러분이 할 수 있는 일이 몇 가지 있습니다:

다양한 프로젝트를 지원하세요: 다양한 출연진과 제작진이 등장하는 영화, TV 프로그램, 연극을 찾아서 응원하세요.

스스로 교육 받으세요: 시간을 내어 다양한 문화, 관점, 경험에 대해 배우세요. 이러한 지식은 여러분을 더 나은 배우이자 동료로 만들어 줄 것입니다.

목소리를 내세요: 업계에서 차별이나 배제가 일어나는 것을 발견하면 목소리를 내세요. 플랫폼을 활용하여 인식을 제고하고 변화를 요구하세요.

롤 모델이 되세요: 배우로서 여러분은 미래 세대의 롤모델이 될 수 있는 기회가 있습니다. 자신의 고유한 정체성을 받아들이고 플랫폼을 사용하여 다른 사람들에게 영감을 주세요.

결론
보다 다양하고 포용적인 산업을 구축하는 것은 엔터테인먼트 산업의 성공을 위해 필수적입니다. 배우 지망생 여러분에게는 변화를 일으킬 수 있는 힘이 있습니다. 다양한 프로젝트를 지원하고, 자신을 교육하고, 목소리를 내고, 롤모델이 됨으로써 더욱 포용적인 업계에 기여하고, 미래 세대의 배우를 위한 길을 닦을 수 있습니다.

11장 : 소셜미디어와의 브랜딩

오늘날의 디지털 시대에 배우와 연기자들에게 소셜 미디어와 브랜딩은 점점 더 중요해지고 있습니다. 인스타그램, 트위터, 틱톡과 같은 소셜 미디어 플랫폼이 부상하면서 배우들은 이제 개인 브랜드를 구축하고 팬들과 더욱 친밀하게 소통할 수 있는 기회를 얻게 되었습니다.

배우 지망생이라면 개인 브랜드를 구축하고 온라인에서 강력한 입지를 구축하는 데 있어 소셜 미디어의 힘을 이해하는 것이 중요합니다. 이 책에서는 배우로서의 이미지를 형성하는 데 있어 소셜 미디어의 역할을 살펴보고, 일관성 있고 전문적인 온라인 아이덴티티를 구축하기 위한 실용적인 팁을 제공합니다.

먼저, 배우로서 브랜드를 구축하는 데 소셜 미디어를 활용할 수 있는 방법을 살펴봅니다. 여기에는 사용 가능한 다양한 플랫폼에 대한 이해, 타겟 고객 파악, 고유한 목소리와 미학 제작이 포함됩니다. 또한 팔로워 및 잠재적인 업계 관계자와 신뢰를 구축하는 데 있어 진정성과 투명성의 중요성에 대해서도 논의할 것입니다.

다음으로 소셜 미디어에서 강력한 입지를 구축하기 위한 전략을 살펴봅니다. 여기에는 개인 브랜드에 맞는 콘텐츠 계획을 세우고, 프로필을 최적화하여 가시성을 극대화하고, 댓글, 좋아요, 공유를 통해 대중들과 소통하는 것이 포함됩니다. 또한 소셜 미디어에서 네트워킹의 중요성과 캐스팅 디렉터, 에이전트 및 기타 업계 전문가에게 효과적으로 다가가는 방법에 대해서도 논의할 것입니다.

마지막으로 배우로서 소셜 미디어를 사용하는 데 따르는 몇 가지 어려움을 살펴보고 이러한 장애물을 극복할 수 있는 팁을 제공합니다. 여기에는 온라인 평판 관리, 부정적인 피드백 처리, 최신 트렌드와 모범 사례에 대한 최신 정보 유지 등이 포함됩니다. 또한 과도한 공유의 잠재적 함정과 온라인에서 개인 생활과 직업 생활 사이의 건강한 균형을 유지하는 방법에 대해서도 살펴봅니다.

전반적으로 '소셜 미디어와 브랜딩'은 배우가 소셜 미디어를 유리하게 활용하고 디지털 시대에 강력한 개인 브랜드를 구축하는 데 필요한 도구와 지식을 제공할 것입니다.

브랜드 구축에서 소셜 미디어의 역할

소셜 미디어는 배우의 브랜드를 구축하는 데 매우 강력한 도구가 될 수 있습니다. 소셜 미디어를 통해 배우들은 자신의 재능, 개성, 관심사를 많은 사람들에게 보여줄 수 있습니다. 배우들은 자신의 프로젝트와 활동에 대한 사진, 동영상, 업데이트를 게시함으로써 팬층을 확보하고 자신의 커리어에 대한 입소문을 낼 수 있습니다. 또한 인스타그램과 같은 소셜 미디어 플랫폼을 사용하여 업계 전문가들과 네트워크를 형성하고 잠재적인 공동 작업자와 연결할 수 있습니다.

소셜 미디어는 개인 브랜드를 구축하는 데 필수적인 도구가 되었으며, 특히 배우에게는 온라인에서 강력한 입지를 확보하는 것이 중요합니다. 소셜 미디어를 통해 배우들은 화면 속 연기를 넘어 자신의 개성, 창의성, 재능을 보여줄 수 있습니다. 이 섹션에서는 배우의 브랜드 구축에 있어 소셜 미디어의 역할에 대해 살펴보고 소셜 미디어에서 강력한 입지를 구축하기 위한 팁을 제공합니다.

첫째, 소셜 미디어는 자기 홍보를 위한 강력한 도구이지만 유일한 도구가 되어서는 안 된다는 점을 이해하는 것이 중요합니다. 배우들은 여전히 자신의 기술을 우선시하고 경쟁이 치열한 업계에서 눈에 띄기 위해 기술을 연마하는 데 투자해야 합니다. 하지만 소셜 미디어에서 강력한 입지를 확보하면 배우가 관객과 소통하고 새로운 팬을 확보하며 고유한 브랜드를 알리는 데 도움이 될 수 있습니다.

소셜 미디어의 가장 중요한 장점 중 하나는 방대한 시청자에게 빠르고 쉽게 다가갈 수 있다는 점입니다. 배우들은 인스타그램, 트위터, 틱톡, 페이스북 등 다양한 플랫폼을 사용하여 팬들과 소통하고 작품을 홍보할 수 있습니다. 시청자의 공감을 불러일으키는 매력적인 콘텐츠를 제작함으로써 배우들은 충성도 높은 팔로워를 확보하고 평판이 좋고 인지도가 높은 브랜드로 자리매김할 수 있습니다.

브랜딩에서 소셜 미디어의 또 다른 중요한 역할은 배우의 개성과 독특한 목소리를 보여줄 수 있는 기회입니다. 소셜 미디어는 개인적인 인사이트, 의견, 비하인드 스토리를 공유할 수 있는 이상적인 플랫폼입니다. 이러한 진정성은 배우가 관객과 관계를 형성하는 데 도움이 되며, 더 친근하고 기억에 남는 배우가 되는 데 도움이 됩니다.

소셜 미디어에서 입지를 구축할 때는 일관성과 진정성이 핵심입니다. 배우들은 자신의 고유한 브랜드를 반영하고 시청자의 공감을 불러일으킬 수 있는 콘텐츠를 제작해야 합니다. 정기적으로 게시물을 올리고 팔로워와 소통하면 충성도 높은 팬층을 확보하고 도달 범위를 넓힐 수 있습니다.

소셜 미디어 문제를 해결하는 것도 강력한 브랜드를 구축하는 데 중요한 요소입니다. 소셜 미디어는 양날의 검이 될 수 있으며, 배우들은 부정적인 댓글, 사이버 괴롭힘, 개인정보 보호 문제와 같은 잠재적인 함정을 피하기 위해 주의를 기울여야 합니다. 긍정적이고 전문적인 온라인 활동을 유지하고 부정적인 피드백에 적절히 대응하는 것이 중요합니다.

요약하자면, 소셜 미디어는 배우의 브랜드를 구축하는 데 중요한 역할을 합니다. 배우들은 자신의 기술을 우선시하고 기술을 연마하는 데 투자하는 동시에 자신의 개성과 독특한 목소리를 보여줄 수 있는 강력한 소셜 미디어 존재감을 만들어야 합니다. 소셜 미디어를 활용하여 관객과 소통함으로써 배우들은 도달 범위를 넓히고 업계에서 평판이 좋고 인지도가 높은 브랜드로 자리매김할 수 있습니다.

소셜미디어에서의 강력한 입지 구축하기

소셜 미디어에서 강력한 입지를 구축하려면 신중한 계획과 전략이 필요합니다. 소셜 미디어 프로필을 통해 전달하고자 하는 메시지와 타겟 고객을 고려해야 합니다. 정기적인 게시 일정을 유지하면 팬들이 배우의 커리어에 관심을 갖고 계속 참여할 수 있습니다. 또한 배우들은 소셜 미디어 관리자 또는 컨설턴트와 협력하여 프로필이 전문적이고 브랜드에 부합하는지 확인하는 것도 고려해야 합니다.

오늘날의 디지털 시대에 소셜 미디어는 일상 생활에서 없어서는 안 될 중요한 부분이 되었습니다. 배우로서 소셜 미디어에서 강력한 입지를 구축하는 것은 개인 브랜드를 구축하고 작품을 홍보하는 데 효과적인 도구가 될 수 있습니다. 이 장에서는 소셜 미디어에서 강력한 입지를 구축하는 데 도움이 되는 몇 가지 주요 전략을 살펴봅니다.

1. 개인 브랜드 정의하기

소셜 미디어 플랫폼용 콘텐츠 제작을 시작하기 전에 개인 브랜드를 정의하는 것이 중요합니다. 개인 브랜드는 세상에 자신을 드러내는 방식이며, 여기에는 가치관, 성격, 관심사가 포함됩니다. 배우로서 자신을 독특하게 만드는 요소와 업계에서 다른 사람들과 차별화되는 점이 무엇인지 생각해 보세요.

2. 적합한 플랫폼 선택

사용 가능한 소셜 미디어 플랫폼은 많지만 모든 플랫폼이 개인 브랜드와 관련이 있는 것은 아닙니다. 예를 들어 비주얼 아티스트의 경우 인스타그램이나 핀터레스트와 같은 플랫폼이 자신의 작품을 소개하는 데 더 적합할 수 있습니다. 반면에 작가라면 트위터나 LinkedIn과 같은 플랫폼이 글을 공유하고 다른 전문가들과 네트워킹 하는 데 더 적합할 수 있습니다.

3. 고품질 콘텐츠 제작

개인 브랜드와 관련된 소셜 미디어 플랫폼을 파악한 후에는 잠재 고객의 공감을 불러일으킬 수 있는 고품질 콘텐츠를 제작하는 것이 중요합니다. 여기에는 사진 및 동영상부터 캡션 및 블로그 게시물과 같은 서면 콘텐츠까지 모든 것이 포함됩니다. 콘텐츠는 시각적으로 매력적이고 유익하며 참여를 유도할 수 있어야 합니다.

4. 대중들과 소통하기

소셜 미디어는 양방향 대화이므로 소셜 미디어에서 강력한 입지를 구축하려면 대중들과 소통하는 것이 중요합니다. 댓글과 메시지에 응답하고, 질문하고, 관련 대화에 참여하세요. 이를 통해 충성도 높은 팔로워를 확보하고 틈새 시장에서 권위자로 자리매김할 수 있습니다.

5. 일관성 유지

소셜 미디어에서 강력한 입지를 구축하려면 일관성이 중요합니다. 정기적으로 일정한 간격으로 게시하여 잠재 고객의 참여를 유도해야 합니다. 이는 매일 게시해야 한다는 뜻이 아니라 자신에게 맞는 일관된 게시 일정을 정해야 한다는 의미입니다.

6. 성공 측정

마지막으로 소셜 미디어에서의 성공을 측정하는 것이 중요합니다. 여기에는 팔로워, 좋아요, 댓글, 공유와 같은 메트릭을 추적하는 것이 포함됩니다. 또한 Google 애널리틱스 및 소셜 미디어 분석과 같은 도구를 사용하여 잠재 고객과 콘텐츠의 성과에 대한 인사이트를 얻을 수 있습니다. 이 데이터를 사용하여 전략을 세분화하고 시간이 지남에 따라 소셜 미디어에서의 입지를 개선하세요.

이러한 주요 전략을 따르면 개인 브랜드를 구축하고 배우로서 자신의 작품을 홍보하는 데 도움이 되는 강력한 소셜 미디어 존재감을 만들 수 있습니다. 개인 브랜드에 충실하고, 대중들과 소통하며, 성공을 측정하여 시간이 지남에 따라 지속적으로 전략을 개선하는 것을 잊지 마세요.

소셜 미디어 과제 탐색하기

소셜 미디어가 현대 생활의 필수 요소로 자리 잡으면서 배우를 비롯한 엔터테인먼트 업계의 전문가들에게도 소셜 미디어는 브랜드 구축에 있어 중요한 요소가 되었습니다. 하지만 소셜 미디어의 이점과 함께 브랜드를 손상시킬 수 있는 잠재적인 함정과 논란을 헤쳐 나가야 하는 등 여러 가지 어려움이 따릅니다. 이 장에서는 몇 가지 일반적인 소셜 미디어 문제를 살펴보고 이를 효과적으로 관리하기 위한 전략을 제시합니다.

소셜 미디어의 가장 큰 어려움 중 하나는 부정적인 댓글과 피드백을 처리하는 것입니다. 성과에 대한 혹독한 비판이든 인신 공격이든 부정적인 댓글은 다루기 어려울 수 있습니다. 모든 사람이 여러분이나 여러분의 작업을 좋아하지는 않을 수 있으며, 이는 괜찮다는 점을 기억하는 것이 중요합니다. 그러나 비판에 대해 방어적이거나 화를 내는 대신 전문적 태도로 대응하는 것도 중요합니다.

또 다른 과제는 소셜 미디어에서 프라이버시와 경계를 관리하는 것입니다. 팔로워들과 모든 것을 공유하고 싶은 유혹이 있을 수 있지만, 내 삶의 일부분은 사생활로 남겨두어야 한다는 점을 기억하는 것이 중요합니다. 또한 온라인 사용 시간을 제한하고 브랜드에 해를 끼칠 수 있는 논란의 여지가 있는 주제에 참여하지 않도록 하는 등 소셜 미디어 사용에 대한 경계를 설정하는 것이 중요합니다.

세 번째 과제는 콘텐츠가 배포되고 대중들에게 표시되는 방식에 영향을 줄 수 있는 소셜 미디어 알고리즘을 다루는 것입니다. 소셜 미디어 알고리즘의 변경 사항에 대한 최신 정보를 파악하고 그에 따라 콘텐츠를 조정하는 것이 중요합니다. 여기에는 다양한 유형의 콘텐츠를 실험하거나 하루 중 다른 시간대에 게시하는 것이 포함될 수 있습니다.

마지막으로, 개인 생활과 직장 생활 모두에 해를 끼칠 수 있는 소셜 미디어 중독의 함정에 빠지지 않는 것이 중요합니다. 자기 전이나 아침에 일어나서 계정을 확인하지 않는 등 소셜 미디어 사용에 제한을 두면 소셜 미디어와 건강한 관계를 유지하는 데 도움이 될 수 있습니다.

전반적으로 소셜 미디어는 브랜드를 구축하고 팬 및 동료와 소통할 수 있는 강력한 도구가 될 수 있지만, 잠재적인 문제를 인식하고 신중하게 접근하는 것이 중요합니다. 강력한 소셜 미디어 전략을 개발하고 최신 트렌드와 모범 사례를 파악하면 소셜 미디어를 유리하게 활용하고 엔터테인먼트 업계에서 성공적인 커리어를 쌓을 수 있습니다.

소셜 미디어는 배우에게도 어려움을 줄 수 있습니다. 소셜 미디어 플랫폼을 사용할 때 부정적인 댓글, 트롤링, 사이버 괴롭힘은 모두 잠재적인 위험 요소입니다. 배우들은 이러한 문제를 해결하는 방법을 배우고 부정적인 댓글과 피드백을 처리하는 방법을 알아야 합니다. 또한, 배우들은 자신의 온라인 행동에 주의를 기울이고 자신의 평판을 해칠 수 있는 논란의 여지가 있거나 불쾌감을 주는 콘텐츠를 게시하지 않아야 합니다.

요약하자면, 소셜 미디어와 브랜딩은 배우와 연기자들이 성공적인 커리어를 쌓는 데 있어 매우 중요한 요소입니다. 소셜 미디어 플랫폼을 활용하여 자신의 재능과 개성을 보여줌으로써 배우들은 보다 개인적인 차원에서 팬들과 소통하고 강력한 개인 브랜드를 구축할 수 있습니다. 하지만 배우들은 소셜 미디어의 문제점을 주의 깊게 탐색하고 전문적인 온라인 활동을 유지하는 것이 중요합니다.

12장 : 나만의 기회 창출하기

배우, 작가, 영화 제작자는 스스로 기회를 만들어 경력을 관리하는 것이 중요합니다. 다른 사람이 역할이나 프로젝트를 제안할 때까지 기다리는 것만으로는 충분하지 않습니다. 주도적으로 자신의 작품을 제작함으로써 자신의 기술을 선보이고 브랜드를 구축하며 새로운 기회의 문을 열 수 있습니다.

배우로서 자신의 재능을 보여줄 수 있는 기회를 적극적으로 찾는 것이 중요합니다. 오디션이나 에이전트 제출과 같은 전통적인 방법도 중요하지만, 나만의 기회를 만드는 방법도 다양합니다. 다음은 배우로서 나만의 기회를 만들기 위한 몇 가지 팁입니다:

1. 직접 자료를 작성하세요: 자신만의 기회를 만드는 가장 좋은 방법 중 하나는 직접 자료를 작성하는 것입니다. 단막극, 단편 영화, 웹 시리즈 등 다양한 소재가 있을 수 있습니다. 직접 자료를 작성하면 연기 실력 뿐만 아니라 글쓰기 실력도 보여줄 수 있어 향후 더 많은 기회로 이어질 수 있습니다.

2. 다른 배우 및 영화 제작자와 협업하세요: 다른 배우 및 영화 제작자와 관계를 구축하면 새로운 프로젝트에 참여할 수 있는 기회를 얻을 수 있습니다. 영화제 및 네트워킹 이벤트에 참석하

여 업계의 다른 크리에이터를 만나보세요. 주저하지 말고 다가가서 협업 아이디어를 제시하세요.

3. 소셜 미디어를 활용하세요: 소셜 미디어는 자신만의 기회를 창출할 수 있는 훌륭한 도구입니다. 연기 작업 동영상을 게시하고, 비하인드 영상을 공유하고, 소셜 미디어 플랫폼에서 다른 배우 및 영화 제작자와 소통하세요. 이를 통해 새로운 인맥을 형성하고 협업의 기회를 얻을 수 있습니다.

4. 영화제 및 경연대회에 참가하세요: 영화제 및 경연대회는 업계 전문가들에게 작품을 선보이고 잠재적으로 새로운 기회를 얻을 수 있는 좋은 방법이 될 수 있습니다. 관심 분야에 맞는 영화제 및 공모전을 조사하고 작품을 제출하여 심사를 받도록 하세요.

5. 나만의 작품을 제작하세요: 리소스와 자금이 있다면 나만의 프로젝트를 제작하는 것도 연기 재능을 선보이고 노출 기회를 얻을 수 있는 좋은 방법이 될 수 있습니다. 단편 영화, 웹 시리즈 또는 장편 영화가 될 수 있습니다.

전반적으로 자신만의 기회를 창출하려면 능동적이고 기업가적인 마인드가 필요합니다. 창의적이고 수완을 발휘하여 자신의 재능을 선보이고 잠재적으로 업계에서 새로운 기회를 얻을 수 있습니다.

나만의 콘텐츠 작성 및 제작

자신만의 콘텐츠를 직접 작성하고 제작하는 것은 작가 및/또는 배우로서 자신의 재능을 발휘하고 기회를 창출할 수 있는 강력한 방법이 될 수 있습니다. 오늘날의 미디어 환경에서는 YouTube와 같은 온라인 동영상 공유 플랫폼부터 독립 영화제, 넷플릭스나 훌루와 같은 스트리밍 서비스에 이르기까지 자신의 작품을 선보일 수 있는 다양한 플랫폼이 있습니다.

시작하려면 콘텐츠에 대한 확실한 아이디어를 갖는 것이 중요합니다. 단편 영화나 웹 시리즈부터 장편 시나리오나 무대 연극에 이르기까지 모든 것이 가능합니다. 아이디어를 개발하고 청중의 관심을 끌고 스토리텔러로서의 강점을 부각시킬 수 있는 강력한 내러티브를 만드는 데 시간을 투자하는 것이 중요합니다.

아이디어가 떠올랐다면 이제 글을 쓰기 시작할 차례입니다. 영화 시나리오, 드라마 대본, 연극 등 어떤 형식의 글을 쓰든 시청자가 처음부터 끝까지 몰입할 수 있는 매력적인 스토리를 만드는 것이 중요합니다. 또한 타겟 고객을 고려하고 그들의 관심사와 선호도에 맞게 글을 작성해야 합니다.

대본이 완성되면 제작에 대해 생각할 수 있습니다. 프로젝트의 규모에 따라 비전을 실현하기 위해 영화 제작자, 배우, 스태프들로 구성된 팀을 구성해야 할 수도 있습니다. 여기에는 로케이션 스카우트 및 캐스팅부터 장비 대여 및 포스트 프로덕션 편집에

이르기까지 모든 것이 포함될 수 있습니다.

자금과 지원을 찾는 것도 어려울 수 있지만, 독립 영화 제작자와 콘텐츠 크리에이터가 이용할 수 있는 다양한 리소스가 있습니다. 여기에는 텀블벅이나 와디즈 같은 크라우드 펀딩 플랫폼은 물론, 각종 영화제나 영화 진흥 위원회과 같은 기관에서 제공하는 보조금과 자금 지원 기회도 포함됩니다.

마지막으로, 프로젝트의 성공을 위해서는 팀을 구성하는 것이 필수적입니다. 여기에는 캐릭터에 생명을 불어넣을 수 있는 배우와 감독, 촬영 감독, 사운드 디자이너 및 기타 주요 스태프를 찾는 것이 포함됩니다. 비전을 공유하고 프로젝트에 열정을 가진 사람들과 함께 작업하는 것이 중요합니다.

나만의 콘텐츠를 만든다는 것은 작가, 프로듀서, 잠재적으로 배우나 감독으로서 여러 역할을 맡는다는 것을 의미합니다. 대본을 쓰거나 스토리를 만드는 것은 어려운 작업일 수 있지만, 엄청난 보람도 느낄 수 있습니다. 대본이 완성되면 자금 모금, 촬영 장소 찾기, 배우 캐스팅, 제작 프로세스 관리 등 제작을 위한 다음 단계를 진행할 수 있습니다.

자금 및 지원 찾기

자금과 지원을 확보하는 것은 창의적인 프로젝트를 실현하는 데 있어 매우 중요한 단계입니다. 작가, 영화 제작자 또는 모든 유형의 콘텐츠 크리에이터에게 자금과 지원을 확보하는 것은 비전을 현실로 만드는 데 큰 차이를 만들 수 있습니다. 이 섹션에서는 프로젝트에 대한 자금과 지원을 찾기 위해 취할 수 있는 몇 가지 주요 단계를 살펴봅니다.

1. 프로젝트와 대상 고객 정의하기

자금과 지원을 찾기 위한 첫 번째 단계는 프로젝트와 대상 고객을 명확하게 정의하는 것입니다. 프로젝트가 무엇이고 누구를 대상으로 하는지 구체적으로 설명하세요. 이렇게 하면 프로젝트의 목표와 목적에 부합하는 잠재적인 자금원을 파악하는 데 도움이 됩니다.

2. 펀딩 옵션 조사하기

프로젝트와 대상 고객을 명확하게 이해했다면 이제 펀딩 옵션을 조사할 차례입니다. 보조금, 후원, 크라우드 펀딩, 대출 등 다양한 유형의 펀딩을 이용할 수 있습니다. 사용 가능한 다양한 옵션을 조사하여 프로젝트에 가장 적합한 옵션을 결정하세요.

3. 강력한 프레젠테이션 준비

잠재적인 자금 출처를 파악했다면 강력한 프레젠테이션을 준비하는 것이 중요합니다. 여기에는 프로젝트 요약, 타겟 고객, 자금의 사용 방법이 포함되어야 합니다. 프로젝트의 고유한 측면과 다른 프로젝트와 차별화되는 점을 강조해야 합니다. 프레젠테이션은 간결하고 설득력 있으며 이해하기 쉬워야 합니다.

4. 네트워크 및 관계 구축

네트워킹과 관계 구축은 자금과 지원을 찾는 데 있어 또 다른 중요한 단계입니다. 업계 이벤트와 컨퍼런스에 참석하고, 온라인 커뮤니티에 가입하고, 다른 크리에이터 및 업계 전문가와 교류하세요. 이렇게 하면 펀딩 기회로 이어질 수 있는 관계와 인맥을 구축하는 데 도움이 됩니다.

5. 소셜 미디어 및 온라인 플랫폼 활용

소셜 미디어와 온라인 플랫폼은 펀딩과 지원을 찾는 데 강력한 도구가 될 수 있습니다. 소셜 미디어에서 프로젝트에 대한 정보를 공유하고 텀블벅 또는 와디즈와 같은 온라인 플랫폼을 사용하여 프로젝트를 크라우드 펀딩하세요. 네트워크와 인맥을 활용하여 프로젝트를 널리 알리고 프로젝트에 대한 관심을 유도하세요.

6. 보조금 및 펠로우십 신청

보조금과 펠로우십은 창의적인 프로젝트를 위한 귀중한 자금과 지원을 제공할 수 있습니다. 해당 분야에서 제공되는 다양한 보조금과 펠로우십을 조사하여 프로젝트의 목표와 목적에 맞는 보조금과 펠로우십을 신청하세요.

7. 조직 또는 비즈니스와의 파트너십 고려하기

프로젝트와 일치하는 조직이나 비즈니스와 파트너십을 맺으면 자금과 지원을 받을 수 있습니다. 여러분의 가치와 비전을 공유하는 기업이나 단체를 찾아 파트너십 기회를 모색하세요.

요약하자면, 창의적인 프로젝트를 위한 자금과 지원을 받으려면 조사, 준비, 네트워킹이 함께 이루어져야 합니다. 프로젝트와 대상 고객을 정의하고, 자금 지원 옵션을 조사하고, 강력한 프레젠테이션을 준비하고, 소셜 미디어와 온라인 플랫폼을 활용하고, 보조금과 펠로우십을 신청하고, 조직 또는 비즈니스와 파트너십을 맺으면 비전을 실현하는 데 필요한 자금과 지원을 확보할 수 있는 가능성을 높일 수 있습니다.

나만의 콘텐츠를 제작하는 데는 많은 비용이 들 수 있지만, 자금과 지원을 받을 수 있는 몇 가지 옵션이 있습니다. 텀블벅 및 와디즈와 같은 크라우드 펀딩 플랫폼을 통해 팬과 후원자로부터 자금을 모금할 수 있습니다. 다양한 영화제나 기업 후원 영화 프로젝트에서 제공하는 보조금과 펠로우십도 영화 제작자에게 재정 지원과 기타 리소스를 제공할 수 있습니다.

팀 구성하기

나만의 기회를 만들고 나만의 콘텐츠를 제작하려면 비전을 실현할 수 있는 공동 작업자들로 팀을 구성해야 합니다. 이 팀에는 프로듀서, 감독, 배우, 촬영 감독 및 기타 스태프가 포함될 수 있습니다. 성공적인 제작을 위해서는 적합한 팀원을 찾는 것이 필수적이며, 효과적으로 소통하고 강력한 업무 관계를 구축하는 것이 중요합니다.

작가와 프로듀서로서 비전을 실현하는 데 도움을 줄 수 있는 팀을 구성하는 것은 필수적입니다. 강력한 팀을 구성하려면 스토리텔링과 영화 제작에 대한 열정을 공유하는 상호 보완적인 기술과 전문 지식을 갖춘 사람을 찾아야 합니다. 다음은 팀 구성을 위한 몇 가지 주요 단계입니다:

1. 프로젝트와 수행해야 할 역할을 정의합니다: 채용을 시작하기 전에 프로젝트의 범위와 필요한 역할을 정의하는 것이 중요합니다. 여기에는 작가와 프로듀서부터 배우와 스태프까지 모든 것이 포함됩니다. 각 역할에 필요한 구체적인 기술과 전문 지식을 고려하고 어떤 유형의 경험과 자격을 원하는지 결정하세요.

2. 네트워크를 형성하고 추천을 구하세요: 팀에 필요한 인재를 찾는 가장 좋은 방법 중 하나는 인맥을 쌓고 업계 사람들에게 추천을 구하는 것입니다. 업계 이벤트와 축제에 참석하고, 동료와 지인에게 연락하고, 업계 구인 게시판과 소셜 미디어에 채용 공고를 게시하세요. 채우고자 하는 역할과 필요한 기술과 경험을 명확히 파악하세요.

3. 인터뷰와 오디션을 실시합니다: 잠재적인 후보자를 파악했다면 이제 면접과 오디션을 실시하여 지원자의 기술, 경험, 프로젝트 적합성을 평가할 차례입니다. 여기에는 전문성을 평가하기 위한 구체적인 질문을 하고, 포트폴리오나 이력서를 검토하고, 배우를 대상으로 스크린 테스트나 오디션을 실시하는 것이 포함됩니다.

4. 계약 및 보상 협상: 팀에 적합한 인재를 찾았다면 계약과 보상을 협상하는 것이 중요합니다. 업무 범위, 마감일, 보상 등 계약 조건을 명확하게 정하세요. 모든 당사자가 자신의 역할과 책임을 이해하고 프로젝트의 예산을 명확하게 파악하고 있는지 확인하세요.

5. 팀을 효과적으로 관리하세요: 팀을 구성한 후에는 프로젝트가 원활하게 진행될 수 있도록 팀을 효과적으로 관리하는 것이 중요합니다. 여기에는 명확한 기대치를 설정하고, 정기적으로 소통하며, 발생하는 모든 문제나 우려 사항을 해결하는 것이 포함됩니다. 강력한 리더가 되어 필요에 따라 팀에 지침과 지원을 제공하세요.

강력한 팀을 구축하는 것은 매력적이고 매력적인 콘텐츠를 제작하고자 하는 모든 작가나 프로듀서에게 필수적입니다. 프로젝트를 정의하고, 인맥을 형성하고, 인터뷰를 진행하고, 계약을 협상하고, 팀을 효과적으로 관리함으로써 스토리텔링과 영화 제작에 대한 열정을 공유하는 재능 있는 인재들을 모을 수 있습니다.

13장 : 연기의 미래

다른 산업과 마찬가지로 연기 산업도 끊임없이 변화하고 진화합니다. 연기의 미래를 준비하려면 업계 동향과 발전에 대한 최신 정보를 파악하고 새로운 기술과 업무 방식에 능동적으로 적응하는 것이 중요합니다.

연기 업계의 주요 트렌드 중 하나는 스트리밍 서비스의 부상과 전통적인 케이블 및 네트워크 TV에서 벗어나고 있다는 점입니다. 이로 인해 오리지널 콘텐츠에 대한 수요가 증가하고 배우들이 더 다양한 프로젝트에서 작업할 수 있는 기회가 생겼습니다. 다양한 플랫폼에서 자신의 재능을 선보이고 새로운 스토리텔링 형식에 적응할 수 있는 배우들은 앞으로 더 큰 성공 기회를 얻게 될 것입니다.

또 다른 트렌드는 업계에서 다양성과 포용성의 중요성이 커지고 있다는 점입니다. 관객이 스크린에서 더 많은 대표성과 포용성을 요구함에 따라 배역에 독특한 관점과 경험을 가져다 줄 수 있는 배우가 높은 평가를 받게 될 것입니다. 여기에는 다양한 배경을 가진 배우 뿐만 아니라 다양한 능력과 장애를 가진 배우도 포함됩니다.

연기의 미래는 또한 기술의 발전에 의해 형성될 것입니다. 가상현실과 증강현실, 모션 캡처 및 기타 새로운 기술은 이미 영화와 텔레비전 제작에 사용되고 있으며, 이러한 도구에 익숙한 배우가 경쟁 우위를 점하게 될 것입니다.

이러한 업계 트렌드 외에도 배우들은 코로나19 팬데믹이 업계에 미치는 지속적인 영향에 대해서도 대비해야 합니다. 팬데믹으로 인해 프로덕션의 촬영 및 배포 방식이 크게 변화하고 있으며, 이러한 변화에 적응하고 팬데믹 이후의 세계에서 안전하게 작업할 수 있는 배우가 성공할 수 있는 유리한 위치를 차지할 것입니다.

연기의 미래에 대비하기 위해 배우들은 계속해서 기술을 개발하고 업계 발전에 대한 최신 정보를 파악해야 합니다. 여기에는 수업 수강, 워크숍 참석, 업계 전문가와의 네트워킹, 소셜 미디어 활동 등이 포함될 수 있습니다. 또한 업계는 끊임없이 진화하고 있으며 배우들은 새로운 기회와 도전에 적응할 수 있어야 하므로 유연성과 적응력을 유지하는 것이 중요합니다.

업계 동향 및 발전

다른 산업과 마찬가지로 연기의 세계는 끊임없이 진화하고 변화하고 있습니다. 배우가 이 경쟁이 치열한 분야에서 성공하려면 최신 트렌드와 발전에 대한 정보를 파악하는 것이 중요합니다. 다음은 배우가 알아야 할 주요 업계 동향과 발전 사항입니다:

1. 다양성과 포용성: 최근 몇 년 동안 엔터테인먼트 업계는 대표성과 다양성에 대한 조사가 강화되고 있습니다. 많은 배우와 업계 전문가들이 화면 안팎에서 더 많은 포용성을 추구하고 있습니다. 그 결과, 다양한 배경을 가진 배우들에게 더 많은 기회가 주어지고 있으며, 우리가 살고 있는 세상을 더욱 대표할 수 있는 작품이 제작되고 있습니다.

2. 스트리밍 서비스: 넷플릭스, 디즈니, 웨이브 등과 같은 스트리밍 서비스의 등장으로 배우들이 자신의 재능을 보여줄 수 있는 플랫폼이 그 어느 때보다 많아졌습니다. 이러한 서비스는 더 많은 오리지널 콘텐츠를 제작하고 있으며, 이는 배우들이 배역을 맡을 수 있는 기회가 더 많아졌다는 것을 의미합니다.

3. 소셜 미디어: 소셜 미디어는 엔터테인먼트 업계에서 점점 더 중요한 역할을 하고 있습니다. 많은 캐스팅 디렉터와 프로듀서가 소셜 미디어를 사용하여 새로운 인재를 발굴하고 있으며, 온라인에서 강력한 입지를 확보하면 배우가 다른 사람들과 차별화되는 데 도움이 될 수 있습니다. 배우가 소셜 미디어에서 존재감을 드러내는 것뿐만 아니라 소셜 미디어를 전략적으로 사용하여 브랜드를 구축하고 업계 전문가와 소통하는 것도 중요합니다.

4. 원격 오디션: 코로나19 팬데믹으로 인해 많은 오디션과 캐스팅 콜이 온라인으로 전환되었습니다. 이로 인해 장소나 기타 요인으로 인해 대면 오디션에 참석할 수 없었던 배우들에게 새로운 기회가 열렸습니다. 원격 오디션은 팬데믹이 끝난 후에도 계속될 가능성이 높으므로 배우들은 화상 회의 플랫폼을 통해 오

디션에 참여할 준비를 해야 합니다.

5. 가상 프로덕션: 코로나19 팬데믹으로 인해 가상 프로덕션도 증가하고 있습니다. 가상 프로덕션은 기술을 사용하여 가상 세트와 환경을 만들어 사회적 거리두기 지침을 준수하면서 프로덕션을 계속할 수 있도록 하는 것입니다. 가상 프로덕션은 앞으로 더욱 보편화될 가능성이 높으므로 배우들은 이러한 환경에서 작업할 수 있도록 준비해야 합니다.

업계의 미래에서 성공하기 위해서는 배우가 이러한 트렌드와 발전에 기꺼이 적응해야 합니다. 즉, 최신 정보를 파악하고, 강력한 온라인 입지를 구축하며, 새로운 기술과 제작 방식에 익숙해져야 합니다.

업계의 미래를 위한 준비

연기 산업의 미래에 대비하는 것은 앞으로 몇 년 동안 관련성을 유지하고 성공하기를 원하는 배우에게 필수적입니다. 이 섹션에서는 업계의 미래를 대비할 수 있는 몇 가지 방법을 살펴봅니다.

1. 새로운 기술을 수용하세요: 영화에 CGI를 사용하는 것부터 가상 오디션에 이르기까지 업계에서 기술 사용이 빠르게 증가하고 있습니다. 배우들은 이러한 발전에 대한 최신 정보를 파악하

고 새로운 기술에 기꺼이 적응하는 것이 중요합니다.

2. 다양한 기술 개발에 집중하세요: 스트리밍 서비스가 증가함에 따라 연기 뿐만 아니라 그 이상의 능력을 갖춘 배우에 대한 수요가 증가하고 있습니다. 이제 많은 배우들이 작가, 감독, 프로듀서로도 활동하고 있습니다. 이러한 기술을 개발함으로써 배우들은 향후 성공 가능성을 높일 수 있습니다.

3. 네트워크 및 관계 구축: 업계에서 네트워킹은 항상 중요했지만, 업계가 더욱 글로벌화되면서 그 중요성은 더욱 커지고 있습니다. 배우들은 소셜 미디어 플랫폼을 활용하고 업계 이벤트에 참석하여 업계의 다른 전문가들과 관계를 구축해야 합니다.

4. 업계 발전에 대한 최신 정보를 파악하세요: 연기 업계는 끊임없이 변화하고 있으므로 최신 동향에 대한 정보를 파악하는 것이 중요합니다. 업계 간행물을 읽고 세미나 및 컨퍼런스에 참석하면 배우가 최신 업계 동향과 변화를 파악하는 데 도움이 될 수 있습니다.

5. 새로운 기회에 열려 있어야 합니다: 업계가 변화함에 따라 새로운 기회가 생길 것입니다. 배우들은 이러한 기회에 열린 자세로 임해야 하며, 자신의 안전지대를 벗어나더라도 기꺼이 새로운 것을 시도해야 합니다.

6. 자신을 돌보세요: 연기는 육체적, 정서적으로 힘든 직업이기 때문에 자신을 돌보는 것이 중요합니다. 여기에는 건강 유지, 스

트레스 관리, 일과 삶의 균형 유지가 포함됩니다.

결론적으로, 연기 산업의 미래를 준비하려면 새로운 기술에 기꺼이 적응하고, 다양한 기술을 개발하고, 네트워크를 형성하고, 관계를 구축하고, 업계 발전에 대한 정보를 얻고, 새로운 기회에 열려 있고, 자신을 돌볼 줄 아는 자세가 필요합니다. 이러한 가이드라인을 따르면 배우들은 끊임없이 변화하는 연기 업계에서 성공할 확률을 높일 수 있습니다.

14장 : 결론

이 책을 마무리하면서 배우로서 걸어온 여정을 되돌아보는 것이 중요합니다. 이제 막 연기를 시작했든 수년간 업계에 종사했든, 연기의 세계는 끊임없이 진화하고 변화하고 있으므로 최신 트렌드와 발전 사항을 파악하는 것이 중요합니다.

이 책에서는 연기 기술의 기초부터 브랜드 구축의 중요성, 나만의 기회를 만들고 업계의 미래를 준비하는 방법까지 다양한 내용을 다루고 있습니다. 이제 여러분은 무대와 스크린 안팎에서 배우로서 성공하기 위해 무엇이 필요한지 확실히 이해하셨을 것입니다.

연기는 힘든 일이며 성공은 하루아침에 이루어지지 않는다는 것을 기억하세요. 헌신과 노력, 그리고 끊임없이 배우고 성장하려는 의지가 필요합니다. 하지만 집중하고 노력하며 기회를 놓치지 않는다면 이 흥미진진한 업계에서 꿈을 이루고 자신의 이름을 알릴 수 있습니다.

배우로서 경력을 향상하고 발전시킬 수 있는 방법은 다양합니다. 기술을 연마하는 것부터 개인 브랜드를 구축하고 끊임없이 변화하는 업계 환경을 탐색하는 것까지 고려해야 할 중요한 주제가 많이 있습니다. 이 책에서 다루는 주제를 살펴봄으로써 경력을

한 단계 더 발전시킬 수 있는 준비를 갖추게 될 것입니다.

주요 내용

다음은 명심해야 할 몇 가지 주요 내용입니다:

1. 항상 연기 실력을 향상하기 위해 노력하고 새로운 기술과 접근 방식을 배우기 위해 열린 자세를 유지하세요. 연기는 지속적인 학습과 개선이 필요한 기술입니다. 수업, 워크숍 또는 개인 연습을 통해 항상 기술을 연마하기 위해 노력해야 합니다. 연기 업계에서 성공하려면 재능, 노력, 인내가 모두 필요합니다. 힘들더라도 꿈을 포기하지 마세요.
2. 개인 브랜드를 구축하는 것은 배우로서 자신을 확립하고 업계에서 인지도를 확보하는 데 매우 중요합니다.
3. 소셜 미디어는 브랜드를 구축하는 데 강력한 도구가 될 수 있지만, 전략적인 접근과 일관성이 필요합니다.
4. 자신만의 기회를 만들고 자신만의 콘텐츠를 제작하는 것은 재능을 선보이고 인정을 받을 수 있는 좋은 방법이 될 수 있습니다.
5. 엔터테인먼트 업계에서는 협업이 핵심이므로 여러분을 지원할 수 있는 강력한 전문가 팀을 구축하는 데 집중하세요. 매니저나 에이전트를 포함한 강력한 협력자 팀을 구성하면 업계에서 성공할 수 있습니다.
6. 업계 동향과 발전에 대한 정보를 지속적으로 파악하여 업계

의 미래에 대비하세요. 연기 산업은 끊임없이 진화하고 있으며, 미래를 준비하기 위해서는 업계 동향과 발전에 대한 최신 정보를 파악하는 것이 중요합니다.

연기 업계에서의 성공이 보장되는 것은 아니지만, 지속적으로 기술을 향상하고 관계를 구축하며 자신만의 기회를 만들어 나간다면 목표를 달성할 가능성을 높일 수 있다는 점을 잊지 마세요.

마지막 격려와 조언

이 책의 마지막 장을 마무리하면서 마지막으로 몇 가지 격려와 조언을 남기고자 합니다. 연기 업계는 힘들 수 있지만, 기꺼이 노력하고 도전에 인내한다면 엄청난 보람을 느낄 수 있는 분야이기도 합니다.

무엇보다도 처음 연기를 시작하게 된 이유를 항상 기억하세요. 스토리텔링에 대한 애정이든, 다른 사람들과 소통하고 싶어서든, 단순히 연기의 즐거움 때문이든, 그 열정을 마음 한구석에 간직하세요. 그 열정이 업계의 부침 속에서도 여러분을 지탱해줄 것입니다.

다음으로 배우로서 배움과 성장을 멈추지 마세요. 수업을 듣고, 워크숍에 참석하고, 책과 대본을 읽고, 기회가 있을 때마다 공연할 기회를 찾아보세요. 기회가 없는 것처럼 느껴지는 시기에도 계속해서 기술을 연마하세요.

이 업계에서는 네트워킹도 중요합니다. 가능하면 다른 배우, 감독, 작가, 프로듀서들과 교류하세요. 업계 이벤트에 참석하고 소셜 미디어에서 사람들과 교류하세요. 누구를 만나게 될지, 그 인맥을 통해 어떤 기회가 생길지 알 수 없으니까요.

업계가 진화함에 따라 새로운 기술과 스토리텔링 매체에 대해 열린 자세로 임하세요. 스트리밍 서비스와 온라인 플랫폼의 부상으로 배우에게 그 어느 때보다 많은 기회가 생겼습니다. 이러한 변화를 수용하고 업계 동향과 발전에 대한 최신 정보를 파악하세요.

마지막으로, 신체적, 정신적으로 자신을 돌보세요. 업계의 요구 사항은 지칠 수 있으므로 소진을 피하기 위해 자기 관리에 우선순위를 두는 것이 중요합니다. 연기 이외의 취미와 활동에 시간을 할애하고, 자신을 지지해 주는 친구나 가족과 함께하세요.

연기는 단거리 달리기가 아니라 마라톤이라는 사실을 기억하세요. 목표를 달성하는 데는 시간이 걸릴 수 있지만 끈기와 헌신, 약간의 운만 있다면 무엇이든 가능합니다. 꿈을 계속 추구하고 자신을 포기하지 마세요.

성공적인 배우가 되는 것은 쉽지 않지만 노력과 헌신, 그리고 약간의 운이 있다면 가능합니다. 자신과 목표에 충실하고 꿈을 포기하지 않는 것을 잊지 마세요. 자신과 자신의 재능을 믿어주는 지지자들과 함께 위험을 감수하고 새로운 것을 시도하는 것을 두려워하지 마세요. 인내심을 갖고 배우고 성장하려는 의지가 있다면 경쟁이 치열한 연기계에서 성공할 수 있습니다.

배우로서의 여정을 시작할 때 여러분은 혼자가 아니라는 사실을 기억하세요. 업계는 때때로 힘들고 낙담할 수 있지만, 그 과정에서 여러분을 도울 수 있는 리소스와 지원이 있습니다.

여러분을 믿고 여러분의 꿈을 지지하는 사람들로 주변을 둘러싸고, 도움이 필요할 때 주저하지 말고 도움을 요청하세요. 계속 배우고, 끈기를 잃지 말고, 무엇보다도 자신과 자신의 기술에 충실하세요.

이 책이 배우로서 성공하는 데 필요한 도구와 지식을 제공하는 데 도움이 되길 바라며, 여러분의 여정에 행운이 함께하기를 기원합니다.